[法]高大伟 David Gosset 主编

Le président Jacques Chirac et la Chine
President Jacques Chirac and China

永恒的友谊

希拉克总统与中国

（汉、英、法对照）

SPM
南方传媒

广东人民出版社
·广州·

图书在版编目（CIP）数据

永恒的友谊：希拉克总统与中国：汉、英、法对照 /
（法）高大伟主编. -- 广州：广东人民出版社，2025.4.
ISBN 978-7-218-18505-7

Ⅰ. K835.657=5

中国国家版本馆 CIP 数据核字第 2025D55591 号

YONGHENG DE YOUYI: XILAKE ZONGTONG YU ZHONGGUO（HAN、
YING、FA DUIZHAO）

永恒的友谊：希拉克总统与中国（汉、英、法对照）

［法］高大伟　主编

出 版 人：肖风华

责任编辑：黄洁华　陶潇潇
责任技编：吴彦斌　赖远军

出版发行：广东人民出版社
地　　址：广州市越秀区大沙头四马路10号（邮政编码：510199）
电　　话：(020) 85716809（总编室）
传　　真：(020) 83289585
网　　址：http://www.gdpph.com
印　　刷：珠海市豪迈实业有限公司
开　　本：787mm×1092mm　1/16
印　　张：13.25　字　数：155千
版　　次：2025年4月第1版
印　　次：2025年4月第1次印刷
定　　价：98.00元

如发现印装质量问题，影响阅读，请与出版社（020-85716849）联系调换。
售书热线：(020) 87716172

主编简介

高大伟　1970年生于巴黎，著名全球事务专家、汉学家，中欧美全球倡议发起人。2001年，他创办了中欧论坛，在当时具有开创性意义。他致力于促进中国与西方之间的相互理解，并得到了雅克·希拉克（1932-2019）的支持。近期，他主编了三卷本文集《中国与世界》。

David Gosset, born in Paris in 1970, is a renowned global affairs specialist and expert in Sinology. He is the founder of the China-Europe-America Global Initiative. In 2001, he established the Europe-China Forum, the first of its kind at the time. Dedicated to fostering mutual understanding between China and the West, he has received support from Jacques Chirac (1932-2019) for his efforts. Most recently, he edited *China and the World*, a three-volume work.

David Gosset, né à Paris en 1970, est un spécialiste reconnu des affaires internationales et un expert en sinologie. Il est le fondateur de la China-Europe-America Global Initiative. En 2001, il a créé l'Europe-China Forum, le premier du genre à l'époque. Engagé dans la promotion de la compréhension mutuelle entre la Chine et l'Occident, il a reçu le soutien de Jacques Chirac (1932-2019) pour ses efforts. Plus récemment, il a dirigé l'édition de *China and the World*, une œuvre en trois volumes.

序 言

当我正轻松随意地翻看中国朋友在微信朋友圈上分享的内容时，我惊悉了雅克·希拉克总统（1932—2019年）溘然长逝的消息。

中国因失去一位真正的朋友而陷入悲痛。

和所有法国人一样，我为这样一位活跃在法国政坛数十载的伟人的陨落而深感痛心。

北京的《中国日报》迅速与我联系，希望我写篇文章，记述希拉克总统与中国之缘，我便立即着手撰写。

然而，很快我就意识到，我的文字是多么微不足道。希拉克总统对中国的热爱，远非一名国际生活观察者在心潮澎湃时写下的几句感想所能表达。

因此，在过去几个月中，我们集思广益。感谢蒂埃里·达纳先生和马国湘先生的支持，我们满怀信心地踏上了出版本书的征程，愿以此书记录下希拉克总统与中华文明之间的不朽情缘。

我想借此序感谢所有让这次致敬成为可能的法国、中国、西班牙和意大利的朋友。本书的确是对这位身体力行的人文主义者的一次致敬。毕生为法国服务的希拉克总统始终在追求世界与人类大家庭的均衡。

前中华人民共和国驻法国大使卢沙野先生对本书投入的热情，充分体现了希拉克总统在中国受到的尊敬。我很感谢卢沙野大使的友谊与信任。

我也真挚地感谢意大利前总理、欧盟委员会前主席罗马诺·普罗迪先生。我们在博洛尼亚或中国亲切交谈时，普罗迪先生经常向我讲述他与这位法国政治家过往的会晤。普罗迪先生拨冗撰写的这篇文章，充满了政治智慧、幽默感和博爱精神，值得一读。

这本书所开启的话题绝不是终点。我们希望，无论是在法国还是中国，其他人能够继续探讨和研究希拉克总统对中法两国关系的深远影响。

无论如何，法国的"伟大"和中国的"中心地位"之间的关系，既离不开戴高乐（1890—1970年）于1964年正式宣布承认中华人民共和国的决定，也离不开希拉克总统对中华文明为全人类所作贡献的认可。

中华文明对人类文明的贡献，始于几千年前，至今仍在延续。

高大伟

Préface

C'est alors que je regardais avec insouciance et délectation les moments partagés sur WeChat par mes amis chinois que j'ai appris le décès du Président Jacques Chirac (1932-2019).

La Chine fut triste d'apprendre la disparition de celui qu'elle considérait à juste titre comme un véritable ami.

Comme tous les citoyens français, je fus particulièrement ému par la mort d'une personnalité qui aura marqué la vie politique française pendant plusieurs décennies.

Le *China Daily*, journal publié à Pékin, m'a très vite contacté afin de me demander la rédaction d'un article concernant les liens du Président Chirac avec la Chine. Je me suis mis à l'ouvrage immédiatement.

Toutefois, j'ai bien vite senti combien mon témoignage était insuffisant. La passion chinoise de Jacques Chirac méritait bien plus que quelques réflexions écrites par un observateur de la vie internationale dans un moment d'émotion.

Alors, au fil des mois, nous avons rassemblé les volontés. Grâce au soutien de M. Thierry Dana, mais aussi de M. Ma Guoxiang, nous nous sommes engagés avec confiance sur la voie de la publication d'un recueil consacré à la longue relation de Jacques Chirac avec la civilisation chinoise.

Cette préface est le lieu qui convient pour remercier toutes celles et ceux, en France, en Chine, en Espagne et en Italie, qui ont rendu cet hommage possible. Car ce livre est bien un hommage à un humaniste en action qui a servi la France en ayant toujours à l'esprit les grands équilibres du monde et la grande famille humaine.

L'enthousiasme de M. Lu Shaye, ancien ambassadeur de la République populaire de Chine en France, lorsqu'il s'est agi d'accompagner cette initiative en dit long sur le respect que Jacques Chirac suscite en Chine. Que M. Lu Shaye soit remercié pour son témoignage d'amitié et sa confiance.

C'est aussi avec une sincère gratitude que j'évoque M. Romano Prodi, ancien Premier ministre italien et ancien président de la Commission européenne. Lors de nos amicales conversations à Bologne ou en Chine, il m'avait souvent narré ses rencontres avec l'homme d'Etat français. Toutefois, le texte que M. Romano Prodi a bien voulu écrire pour le recueil qui suit, mérite d'être lu pour sa sagesse politique, son sens de l'humour et de la fraternité.

Le livre qui s'ouvre ne prétend en aucun cas à être définitif. Nous espérons que d'autres, en France et en Chine, viendront dire et étudier la façon dont Jacques Chirac a marqué les relations entre les deux pays.

En tout cas, si les relations entre la grandeur française et la centralité chinoise sont inséparables de la reconnaissance par Charles de Gaulle (1890-1970) de la République populaire de Chine en 1964, elles le sont tout autant de l'appréciation par Jacques Chirac de l'apport de la civilisation chinoise à l'humanité toute entière.

Apport qui a commencé il y a plusieurs millénaires et qui se poursuit aujourd'hui.

David Gosset

Preface

It was as I was looking with carelessness and delight at the moments shared on WeChat by my Chinese friends that I learned of the death of President Jacques Chirac (1932-2019).

China was saddened by the disappearance of the one it rightly considered a true friend.

Like all French citizens, I was particularly moved by the death of a personality who had marked French political life for several decades.

The *China Daily*, a newspaper published in Beijing, quickly contacted me to ask for an article about President Chirac's ties to China. I immediately set to work.

However, I soon felt how insufficient my testimony was. Jacques Chirac's Chinese passion deserved much more than a few thoughts written by an observer of international life in a moment of emotion.

So, over the months, we gathered our energy. Thanks to the support of Mr. Thierry Dana, but also of Mr. Ma Guoxiang, we confidently embarked on the journey of the publication of a collection devoted to Jacques Chirac's long relationship with Chinese civilization.

This preface is the right place to thank all those in France, China, Spain and Italy who have made this tribute possible. This book is indeed a tribute to a humanist in action who served France always keeping in mind the great equilibria of the world and the human family.

The enthusiasm of Mr. Lu Shaye, former Ambassador of the People's Republic of China to France, when it came to supporting this initiative speaks volumes about the respect Jacques Chirac commands in China. We thank Mr. Lu Shaye for his show of friendship and trust.

It is also with sincere gratitude that I mention Mr. Romano Prodi, former Italian Prime Minister and former President of the European Commission. During our friendly conversations in Bologna or China, he had often told me about his meetings with the French statesman. However, the text that Mr. Romano Prodi was kind enough to write for the following collection deserves to be read for its political wisdom, sense of humor and fraternity.

The book that opens does not claim to be final any way. We hope that others, in France and in China, will talk about and study how Jacques Chirac has marked relations between the two countries.

In any case, if the relations between French grandeur and Chinese centrality are inseparable from the recognition by Charles de Gaulle (1890-1970) of the People's Republic of China in 1964, they are just as much from the appreciation by Jacques Chirac of the contribution of Chinese civilization to mankind.

A contribution that began several millennia ago and continues today.

David Gosset

目 录
Contents
Table des matières

追忆雅克·希拉克：
从安道尔、中国到俄罗斯

　　我的家乡拉塞乌杜尔赫利（La Seu d'Urgell），与法国有着非常特殊的渊源，那是我出生的地方。它是坐落于比利牛斯山西班牙侧的一个小镇，距离安道尔（国土总面积约500平方千米）的边境仅7千米。安道尔是个小国家，有两位共同统治的元首，分别是天主教乌赫尔教区主教与法兰西共和国总统。自1278年签署"共统条约"（Pariatge）以来，这一情况延续至今。在经历了奇迹般的历史更迭后，安道尔成为了一个主权国家，并于1993年成为联合国会员国之一。我父亲的家族就来自安道尔，也就是说在长达几个世纪的时间里，我的先祖都处于法国国家元首和乌赫尔主教的共同统治之下。

　　我在西班牙外交部服务了42年。1971年，我在西班牙外交部担任的第一任职务是安道尔部际委员会秘书。35年后，也就是2006年，我被任命为西班牙驻安道尔大使。对我来说，这就像是回归故里，因为我在拉塞乌杜尔赫利的祖宅到安道尔的办公室只需要20分钟车程。2006年4月7日，我在巴黎的爱丽舍宫向安道尔的法国大公雅克·希拉克总统递交了国书。安道尔的确是国际外交中的一个特例，获得任命驻安道尔的外国大使必须向安道尔的两位大公递交国书。因此法国驻安道尔大使需要向安道尔的法国大公出示由法兰西共和国总统签署的国书，而他们恰好是同一个人。

可能是作为在安道尔这样的微型国家工作的补偿，后来我大部分的工作时间都是在世界上最大的两个国家度过：俄罗斯与中国。我在俄罗斯工作了十年，又在中国工作了十二年。对于这两个国家，雅克·希拉克总统既是相知的老友，又是相熟的外国政治家。我曾于1974至1978年任职于苏联。苏联解体后，我成为了第一位驻俄罗斯的西班牙大使，任期为1992年至1997年，基本是在鲍里斯·叶利钦总统的执政时期。1996年4月，雅克·希拉克总统与鲍里斯·叶利钦总统在莫斯科共同主持了"G7＋俄罗斯"峰会。我在那里第一次见到了希拉克总统，他会说俄语也很喜欢俄罗斯文化。出席峰会的还有时任欧盟委员会主席罗马诺·普罗迪，相陪的是两位西班牙人，分别是欧盟外交与安全政策第一任高级代表哈维尔·索拉纳以及时任欧盟委员会副主席佩德罗·索尔韦斯。当我称呼希拉克总统为"大公先生"，并向他解释我是来自乌赫尔教区时，他无比惊讶。他非常了解俄罗斯，并提醒大家不要让这个国家蒙羞，但北约扩张令俄罗斯受到了实实在在的屈辱，尤其是就连俄罗斯文明的摇篮——乌克兰都成了北约候选国，这些令俄罗斯完全无法接受。雅克·希拉克总统在2003年就反对第二次伊拉克战争，这也展现了他的先见之明。如果当初美国听从了希拉克的建议，应该可以避免两次重大战略失误，而我们的世界也可以更加美好。

1998年11月，法西双边峰会在拉罗谢尔举行，我在那儿第二次见到了希拉克总统。雅克·希拉克和何塞·玛丽亚·阿斯纳尔时任两国领导人，而我则是西班牙外交部政策司司长。我记得非常清楚，会议期间法西双边关系极其融洽，对此我感到无比激动，两国代表团中找不到比我更激动的人。那是因为二十年前，我还在阿道夫·苏亚雷斯总统办公室任外交顾问时（1978—1981年），法西关系剑拔弩张，阿道夫·苏亚雷斯总统和吉斯卡尔·德斯坦总统之间也是势同水火。法国拒绝西班牙加入欧共体，还任由西班牙独自应对巴斯克恐怖主义。直至弗朗索瓦·密特朗入驻爱丽舍宫后，这一现状才得以缓解。自此之后，法西双边关系不断改善。1998年，双边关系达到鼎盛，并一直持续至今。

我非常荣幸能够三度担任西班牙驻中国大使：1987至1991年，1999至2003年，2011至2013年，之后我就退休了。第二个任期结束，离开中国不久后，2006年我成为了驻安道尔大使。西班牙国王胡安·卡洛斯对我说："你从最大的国家到最小的国家了！"五年后，当我第三次被派往北京时，他又说："现在你又从最小的国家回到最大的国家了！"我第三次赴任驻华大使时，在北京的外交官同僚们调侃道："你创了新纪录了！"我的职业生涯对我的家庭也有很深的影响，我的妻子是俄罗斯人，儿媳是中国人。2006年希拉克总统访华期间，我也是驻华大使，但却不曾有机会见到他。我有幸见证了希拉克总统在中国的万众敬仰。那时的法国驻华大使是我的老朋友皮埃尔·莫雷勒，我们也曾在莫斯科共事。

在回忆希拉克总统的时候，我明白了一个道理。那就是中国和安道尔分别代表了欧洲命运的两个方向。如果欧盟国家懂得政治联盟之道，他们将像美国或中国一样强大；否则，就只会一个接一个变成大点儿的安道尔。巴黎政治大学国际事务主任、意大利前总理恩里科·莱塔在"欧洲何去何从？"这门课上曾发表过同样的想法："如果欧洲国家不能朝着政治统一的方向前进，那么10到15年后，他们只能选择一个接一个成为美国或是中国的殖民地。"该门课程由前欧盟外交与安全政策高级代表约瑟夫·博雷尔在桑坦德的梅内德斯·佩拉约国际大学开设，已有二十多年的历史。

最后，我想谈谈在安道尔收获的另一个关于欧洲的道理：一个世纪前，安道尔只有法国和西班牙学校，如今也有了自己的本土学校。一些与我年龄相仿的安道尔朋友告诉我，他们小时候，父母都会把孩子们送到法国和西班牙的学校，以便与两个强大的邻国保持良好的关系。他们坦诚地说："上午赢得的'战斗'，下午我们就可能输掉。"的确如此，这就是欧洲的历史，几个世纪以来，都是相互厮杀与战争。幸运的是，用中国的历史术语来说，"战国"时期已经结束。现在面临的问题是，我们是否能够完成欧盟目前正在进行的政治一体化的工作。这是关乎存在与否的根本问题。法国政治家让·莫内、莫里斯·舒曼以及戴高乐在20世纪开辟了新的道路，而希拉克总统、马克龙总统在21世纪也将沿着这条道路继续前进。

欧亨尼奥·布雷戈拉特

西班牙前驻华大使

Mes souvenirs de Jacques Chirac: de l'Andorre à la Chine et la Russie

Ma ville natale a une relation très spéciale avec la France. Je suis né à la Seu d'Urgell, une petite ville espagnole située dans les Pyrénées catalanes, à seulement sept kilomètres de la frontière du minuscule État d'Andorre (qui ne fait que cinq cents kilomètres carrés). Notre évêque et le président de la République française sont les coprinces, ou cosouverains d'Andorre. Le statut de principauté d'Andorre est originaire d'un document médiéval, « le Traité de Paréage », signé en 1278, qui, après une histoire quelque peu miraculeuse, s'est transformé en un état souverain, et a été accepté comme membre des Nations Unies en 1993. La famille de mon père est originaire d'Andorre, de sorte qu'une partie de mes ancêtres ont été gouvernés depuis des siècles par les chefs d'État français et les évêques d'Urgell.

J'ai servi dans le service extérieur espagnol pendant quarante-deux ans. Mon premier poste au ministère espagnol des Affaires étrangères, en 1971, a été celui de Secrétaire de la Commission interministérielle d'Andorre. Trente-cinq ans plus tard, en 2006, j'ai été nommé ambassadeur d'Espagne en Andorre. C'était un retour aux sources, car ma maison de famille à La Seu se trouvait à seulement vingt minutes en voiture de mon bureau en Andorre. Le 7 avril de la même année, j'ai présenté mes lettres de créance au coprince français d'Andorre, Jacques Chirac, au Palais de l'Élysée à Paris. L'Andorre, dans la diplomatie internationale, est un cas tellement unique que, depuis que les ambassadeurs étrangers accrédités en Andorre doivent présenter leurs lettres de créance aux deux Coprinces, l'ambassadeur de France en Andorre doit présenter au coprince français les lettres de créance signées par le président de la République française - qui se trouve être la même personne.

En guise de compensation par rapport à la petite taille d'Andorre, j'ai passé la majeure partie de ma vie professionnelle dans deux des plus grands pays du monde: la Russie et la Chine, dans lesquels j'ai travaillé respectivement dix   et douze ans. En Chine comme en Russie, Jacques Chirac était considéré non seulement comme un ami fidèle de longue date, mais également comme l'un des hommes d'État étrangers qui connaissaient ces deux pays le mieux. J'ai servi dans l'ex-Union soviétique de 1974 à 1978 et j'ai été le premier ambassadeur d'Espagne en Russie après l'éclatement de l'Union soviétique, de 1992 à 1997, pendant la majeure partie du règne d'Eltsine. J'y ai rencontré le président Chirac, russophone et grand amoureux de la culture russe, pour la première fois, en avril 1966, lors du sommet du G7 avec la Russie qui s'est tenu à Moscou, coprésidé par Jacques Chirac et Boris Eltsine. Lors de ce sommet, deux Espagnols, Javier Solana, premier Haut Représentant de la politique étrangère et de la sécurité, et Pedro Solbes, vice-président de la Commission européenne, ont accompagné Romano rodi, qui était le président de la Commission. Jacques Chirac a été très surpris lorsque je l'ai salué en tant que « Monsieur le Coprince », expliquant que j'appartenais l'évêché d'Urgell. Chirac connaissait suffisamment la Russie pour mettre en garde contre son humiliation qui, malgré ses précautions, s'est en quelque sorte matérialisée avec l'élargissement de l'OTAN et est devenue totalement inacceptable pour la Russie lorsque l'Ukraine, berceau historique de l'État russe, a été nommée candidate pour intégrer l'OTAN. Chirac n'était pas moins prémonitoire lorsqu'il s'est opposé à la deuxième guerre contre l'Irak en 2003. Si les États-Unis avaient suivi les conseils de Chirac, deux erreurs stratégiques majeures auraient été évitées, et le monde aurait été meilleur.

La deuxième fois que j'ai rencontré le président Chirac, c'était lors d'un sommet bilatéral franco-espagnol à La Rochelle, en novembre 1998. Jacques Chirac et José María Aznar étaient les présidents des deux pays. J'étais alors directeur politique du Ministère espagnol des Affaires étrangères. Je me rappelle très bien qu'à cette occasion, je ne pensais qu'aucune des personnes des deux grandes délégations ne pouvait être autant saisie par l'émotion que moi devant l'état magnifique des relations bilatérales franco-espagnoles à ce moment-là. En effet, vingt ans auparavant, alors que j'étais conseiller en politique étrangère du président Adotlfo Suárez (1978-1981), nos relations bilatérales, ainsi que les relations personnelles entre le président Suárez et le président Valéry Giscard d'Estaing, étaient dans un triste état. La France, à l'époque, gardait la porte de l'Europe fermée à l'Espagne et n'aidait pas contre le terrorisme basque. Tout cela a changé avec l'arrivée de François Mitterrand à l'Élysée, et depuis, nos relations bilatérales n'ont cessé de s'améliorer, jusqu'à atteindre l'excellent état qu'elles avaient en 1998, et qui perdurent encore de nos jours.

J'ai eu l'immense privilège d'avoir été trois fois ambassadeur d'Espagne en Chine: de 1987 à 1991; de 1999 à 2003 et de 2011 à 2013, lorsque j'ai pris ma retraite. Quand je suis devenu ambassadeur en Andorre peu après avoir quitté la Chine, le roi Juan Carlos m'a dit : « *Vous êtes passé du plus grand au plus petit* », et quand, cinq ans plus tard, j'ai été envoyé pour la troisième fois à Pékin, il m'a dit : « *Maintenant vous repassez du plus petit au plus grand .*» Des collègues à Pékin, lors de ma troisième mission d'ambassadeur, me disaient : « *Tu devrais être dans le livre des records.* » Ma vie professionnelle a laissé une empreinte sur ma famille: ma femme est russe et ma belle-fille est chinoise. J'étais ambassadeur en Chine lors de la visite du président Chirac en 2006, mais je ne l'ai pas rencontré à l'époque. C'était l'occasion de vérifier à quel point le président Chirac était vénéré en Chine. L'ambassadeur de France en Chine était alors mon vieil ami et ancien collègue à Moscou, Pierre Morel.

Mon évocation personnelle du président Chirac me fait penser que la Chine et l'Andorre représentent les deux facettes d'une pièce du destin de l'Europe. Si les pays de l'UE progressent vers l'union politique, l'Europe deviendra une grande puissance, comme les États-Unis ou la Chine, sinon nous deviendrons, un par un, des petits « Andorre plus ». Dans le cadre de « Quo vadis Europa? » (« Où va l'Europe ? ») que Joseph Borrell, ancien Haut Représentant de l'UE de la politique étrangère et de la sécurité, organisait depuis plus de vingt ans à l'Université internationale Menéndez Pelayo à Santander, Enrico Letta, l'ancien président de l'Italie et aujourd'hui directeur de Science Po à Paris, prononça en d'autres termes: « *Si les pays européens ne progressent pas vers l'unité politique, dans 10 à 15 ans, leur option, un par un, sera de savoir s'ils veulent être une colonie des États-Unis ou de la Chine.*»

Permettez-moi de terminer avec une autre leçon européenne que j'ai apprise à Andorre : il y a un siècle, Andorre avait des écoles françaises et espagnoles-maintenant elle a aussi des écoles andorranes. Certains amis andorrans de mon âge m'ont dit, qu'enfants, leurs parents les envoyaient dans des écoles françaises et espagnoles, pour garder de bonnes relations avec les deux grands voisins d'Andorre. « *Et dans l'après-midi, nous perdrions les batailles que nous avions gagnées matin* » ont-ils avoué. Telle a été l'histoire de l'Europe, plusieurs siècles d'entretuerie. La période des « États belligérants », empruntée à la terminologie historique chinoise, est heureusement maintenant terminée. La question est maintenant de savoir si nous serions capables d'achever le travail en cours que représente aujourd'hui l'Union européenne avec toute l'intégration politique qui va de pair. C'est la question existentielle: « Être ou ne pas être ». Des Français tels que Monnet, Schumann et De Gaulle ont ouvert la voie au XXe siècle, et des dirigeants comme Chirac ou Macron continuent de le faire en ce XXIe siècle.

Eugenio Bregolat

Ancien Ambassadeur Espagnol en Chine

My Recollections of Jacques Chirac: From Andorra to China and Russia

My hometown happens to have a very special relationship with France. I was born in La Seu d'Urgell, a small town on the Spanish side of the Pyrennées, just seven kilometers from the border with the minuscule state (five hundred square kilometers) of Andorra. Our Bishop and the President of the French Republic are the Co-Princes or co-sovereigns to Andorra. The status of Andorra originated in a medieval document, the "Pariatge", signed in 1278, which, after a history nothing short of miraculous, morphed into a full-fledged state, accepted as a member by the UN in 1993. My father's family came from Andorra, so that part of my ancestors has been ruled for centuries by the heads of state of France and the Bishops of Urgel.

I have served in the Spanish foreign service for forty-two years. My first position at the Spanish Foreign Ministry, back in 1971, was secretary of the Interministerial Commission for Andorra. Thirty-five years later, in 2006 I was appointed as the Spanish Ambassador to Andorra. It was a homecoming as my family's home in La Seu was a twenty-minute ride from my office in Andorra. On April 7 of that year, I presented my credentials to the French Co-prince of Andorra, Jacques Chirac, at the Elysée Palace, in Paris. Andorra is such a unique case in international diplomacy that, since foreign ambassadors accredited to Andorra have to present their credentials to both Co-princes, the French ambassador to Andorra presents to the French Co-prince the letters of credence signed by the President of the French Republic — who happens to be the same person.

As a sort of compensation for the small size of Andorra, I have spent most of my professional life in two of the largest countries in the world: Russia and China. I have worked for ten years in Russia and twelve in China. In both China and Russia Jacques Chirac was considered not only an old friend but also one of the foreign statesmen who better knew them. I served in the former Soviet Union from 1974 to 1978 and I was the first Spanish ambassador to Russia after the break-up of the Soviet Union, from 1992 to 1997, during most of Yeltsin's rule. There I met President Chirac, a Russian speaker and a great lover of Russian culture, for the first time, in April 1966, during the G7 plus Russia summit held in Moscow, co-presided by Jacques Chirac and Boris Yeltsin. Two Spaniards, Javier Solana, as the first High Representative of the Union for the Foreign and Security Policy, and Pedro Solbes, as Vice President of the EU Commission, were accompanying Romano Prodi, who was the Commission's President, at that summit. Jacques Chirac was greatly surprised when I greeted him as "Monsieur le Coprince", explaining that I belonged to the Bishop of Urgel's flock. Chirac knew Russia well enough to warn against its humiliation, something that materialized with NATO's enlargement and became entirely unacceptable to Russia when Ukraine, the historical cradle of the Russian state, became a candidate for further enlargement. Chirac was no less prescient when he opposed the second war against Iraq, in 2003. Had the United States had followed Chirac's advice it would have avoided two major strategic mistakes and the world would be a better place.

The second time I met President Chirac was during a bilateral Franco-Spanish summit in La Rochelle, in November 1998. Jacques Chirac and José María Aznar were the presidents of the two countries. I was a political director in the Spanish

Foreign ministry at the time. I vividly recall how on that occasion I thought that nobody in two large delegations could be sized by emotion as much as I was in view of the magnificent state of Franco-Spanish bilateral relations at that moment. The reason was that, twenty years before, I had been the foreign policy adviser of President Adolfo Suárez (1978 to 1981) and then our bilateral relations, as well as the personal relations between President Suárez and President Giscard d'Estaing, were in a sorry state because France, at the time, was keeping the door of Europe closed for Spain and it was not helping us against Basque terrorism. All this changed with the arrival of François Mitterrand to the Elysée, and since then our bilateral relations have kept improving, to reach the excellent condition they had in 1998, which has continued to the present day.

I have had the exorbitant privilege of having been three times the Spanish Ambassador to China: 1987-1991; 1999-2003, and 2011-2013, after which I retired. As I was appointed to the position of Ambassador to Andorra soon after leaving China, King Juan Carlos of Spain told me: "You came from the largest to the smallest". And when, five years later, I was sent for a third time to Beijing he said to me: "Now you go back from the smallest to the largest." Colleagues in Beijing, during my third ambassadorship, would tell me: "You should be in the book of records." My professional life has left its imprint on my family: my wife is Russian and my daughter-in-law is Chinese. I was the Ambassador to China during President Chirac's visit in 2006, though I did not meet him at that time. It was an occasion to verify how revered President Chirac was in China. The French Ambassador to China was by that time my old friend and former colleague in Moscow, Pierre Morel.

My personal evocation of President Chirac brings to my mind the idea that China and Andorra represent the two sides of the coin of Europe's destiny. If the EU countries advance towards political union Europe will become a great power, like the US or China; otherwise, we shall become, one by one, little "Andorras plus". In the course "Quo vadis Europa?" that Josep Borrell, former EU High Representative for Foreign and Security Policy, has run for more than twenty years at the Universidad Menéndez y Pelayo, located in Santander, Enrico Letta, former President of Italy and now head of Science Po in Paris, put the same idea in other words: "If the European countries do not advance towards political unity, in 10 to 15 years their option, one by one, will be whether they want to be a colony of the US or of China."

Let me finish with another European lesson I learned in Andorra. A century ago, Andorra had French and Spanish schools — now it also has Andorran schools. Some Andorran friends of my age have told me that as children their parents sent them to both French and Spanish schools, to keep good relations with Andorra's two big neighbors. "And in the afternoon, we would lose the battles we had won in the morning" — they confessed. For such has been the history of Europe, many centuries of killing each other. The "warring states" period, to borrow from Chinese historical terminology, is happily over. Now the question is whether we shall be able to finish the work in progress that is nowadays the European Union with full political integration. It is the existential question of "to be or not to be". French statesmen, from Monnet, Schuman, and De Gaulle led the way in the twentieth century and continue to do so in the twenty-first with leaders like Chirac or Macron.

Eugenio Bregolat
Former Spanish Ambassador to China

希拉克总统与上海博物馆

　　众所周知，法国政治家雅克·希拉克先生一直被亚洲文明，特别是中华文明的魅力所吸引，特别对中国青铜器的研究有很深的造诣。他自幼喜爱东方文化，带他入门的正是巴黎吉美博物馆的文物。他回忆道："在去卡尔诺高中上学的路上，我常在吉美博物馆驻足。当时的我是个孤独的孩子，被最古老的文化所吸引，吉美博物馆对于我这样的孩子来说是绝无仅有的启蒙之地……在吉美博物馆我发现并爱上了亚洲，领略了那些壮丽文明的魅力，感受了它们的宏大。"[①]在他多次访问中国的行程中，参观博物馆成为固定的项目。

　　1991年，希拉克以巴黎市长的身份访问上海博物馆（河南路老馆），马承源馆长陪同他参观了青铜器馆。

　　1995年5月7日希拉克当选法兰西共和国总统。1997年5月，希拉克首次以总统身份访华，上海是最后一站。5月18日，希拉克总统访问建成不足一年的上海博物馆新馆，参观了青铜、陶瓷、绘画和玉器馆。他对青铜器特别感兴趣，并说已经读过马承源馆长关于青铜器的著作，在青铜器

---

① 【法国】雅克·希拉克：《希拉克回忆录：步步为赢，1932～1995》，译林出版社2010年11月。

馆展厅里希拉克总统和马馆长共同讨论青铜器的造型、纹饰和时代。在参观绘画馆时，希拉克总统希望唐代孙位的《高逸图卷》（竹林七贤）能到巴黎展览，并且愿意用卢浮宫的《永恒的微笑》（即达·芬奇的《蒙娜丽莎》）来交换展览。马馆长邀请总统出席第二年在巴黎池努奇博物馆举办的上海博物馆青铜器展的开幕。总统在留言簿上写道："上海博物馆是一座非常好的博物馆，感谢马承源馆长的热情介绍。"由于参观时间大大超过了预定时间，总统诙谐地说，我的专机可以推迟起飞。

　　1998年9月7日起，在希拉克总统的支持下，作为中国赴法展览的交换，池努奇博物馆珍藏的存世仅两件（另一件在日本泉屋博古馆）的商代晚期"虎卣"在上海博物馆展出3个月。希拉克总统特意为上海博物

1998年，中国商代"虎卣"在上海博物馆展出

1998年，希拉克总统会见上海博物馆代表团

馆编印的图册撰写序言，在序言中他对虎卣的来源及其神话传说进行了
介绍，并表示文物交流"是连接东方与西方的纽带"。

　　1998年9月18日下午，希拉克总统在巴黎爱丽舍宫总统办公室亲切
会见了以马承源馆长为团长的上海博物馆代表团，希拉克总统首先表示
他去年5月访问上海博物馆给他留下了深刻的印象，十分赞赏上海博物
馆的收藏、陈列及新馆的建筑，特别对青铜陈列表现出极大的兴趣。他
认为上海博物馆是当今最伟大的博物馆之一，称马馆长是伟大的文物专
家，在欧洲乃至全世界都是非常知名的。他对马馆长去年能亲自陪同他
参观上海博物馆再次表示感谢。上海博物馆代表团此次出访法国的目的

是参加巴黎池努奇博物馆为庆贺建馆100周年而举办的"古代的礼仪与盛宴——上海博物馆藏青铜器展"开幕。希拉克总统感谢马馆长慷慨提供56件青铜器精品来法国展览，同时他对池努奇博物馆提供著名的"虎卣"在上海博物馆与中国观众见面表示十分高兴。应希拉克总统的要求，马馆长介绍了中国文物博物馆事业的现状与发展，总统对此表示赞赏。他还与代表团成员一起详细讨论了中国文字的起源、中国青铜器的起源、中国陶器的起源等学术问题，希拉克总统表现出对中国古代文化相当深刻的了解和认识。马馆长向希拉克总统赠送了由他主编的《中国青铜器全集》。

为表彰马承源馆长等在中国文物博物馆事业及中法文化交流中做出

希拉克总统在参观青铜器展览

希拉克总统与代表团在现场讨论

的杰出贡献，希拉克总统亲自授予马承源馆长由拿破仑创立的"荣誉军团骑士勋章"，授予代表团成员陈佩芬、陈克伦由戴高乐创立的"国家功勋骑士勋章"。会见持续了一个半小时。中国驻法国大使蔡方柏参加了会见与授勋仪式。

　　1998年9月21日下午，希拉克总统参加了在池努奇博物馆举行的"上海博物馆藏青铜器展"开幕式，并且在马承源馆长的陪同下饶有兴趣地参观了展览，他们在一件青铜鼎前面为究竟是夏代还是商代早期展开了热烈的讨论。希拉克总统不愿错过任何一件展品，对每一件展品的分类、年代、制作技术等提出专业性很强的问题，马馆长的解答使他十分满意。参观预计45分钟，结果逗留了80分钟。他感谢中国政府、马馆长及其同仁将这样一场精美的展览送到巴黎，希望上海博物馆将来进一步加强与法国的文化交流，把更多的文物送到法国展览。告别的时候，希拉克总统握着马馆长的手说："我希望在您以后每次来巴黎时都见到您。"

1999年10月，时任中国国家主席江泽民访问法国，希拉克总统邀请马承源馆长专程赴巴黎参加他为江泽民主席举行的国宴，在宴会上向江泽民主席介绍说"这是我的好朋友"。在希拉克总统的安排下，马馆长在巴黎举行了一场关于中国青铜器的学术报告会，希拉克总统为不能亲自听到报告而"感到遗憾"。

2001年1月，历经5年改建的巴黎吉美博物馆即将重新开馆，已经担任上海博物馆顾问的马承源先生作为中国唯一的博物馆代表应邀参加开馆活动，我有幸陪同前往。1月14日上午，参观吉美博物馆新的陈列预展，经安排在展厅与希拉克总统见面，他们就陈列中的一些中国文物展开了讨论，中国驻法国大使吴建民夫妇参加了会见。次日，新的吉美博物馆隆重开幕。几天后的一个中午，希拉克总统委托他的助手在爱丽舍宫总统府专门宴请了马先生。

2004年1月19日，法国吉美博物馆藏商代青铜"象尊"揭幕仪式在

上海博物馆举行。在希拉克总统的倡导下，作为2003年10月至2005年9月中法文化交流年中的一项活动，上海博物馆的青铜"牺尊"与巴黎吉美博物馆的青铜"象尊"进行互换展览3个月。"牺尊"是著名的春秋晚期"浑源青铜器"中的佼佼者，造型奇特、纹饰瑰丽；"象尊"则是现存动物造型青铜尊中最大的一件，其古朴的风格与典雅的气息展现了中国南方青铜文化的神韵。希拉克总统专门为图册作序，称"这项交流活动是中法两国友谊关系坚固的最佳证明"。

2004年10月11日下午，希拉克总统又一次访问上海博物馆。他主要参观了青铜器馆，李朝远副馆长重点介绍了新近陈列的一些器物，其中包括了从博物馆库房特别提出来的几件青铜器精品，希拉克总统对其中一件豕形罍深感兴趣，就其年代等学术问题与博物馆专家交流了意见。参观持续了一个小时，并表示下次访问上海时还要安排参观上海博物馆。

在希拉克总统访华前两个月，通过法国驻上海总领馆询问马承源（前）馆长届时是否可以陪同总统先生参观半个小时，同时告诉马先

生，与总统访华的还有一支空军特技飞行表演队，届时将请他在上海博物馆的楼顶观看在人民广场上空进行的飞行表演。马先生应允了，并为此特地做了新的西装。不料，在希拉克总统访华前不久，马承源先生不幸因病去世。希拉克总统专门发来了唁电，并委托法领馆在马先生的告别仪式上送了一个巨大的白色鲜花花圈表示悼念。

2005年3月，"为感谢上海博物馆副馆长汪庆正先生为中国文化年期间举办的"神圣的山峰"展览所作的勤勉工作"，法国文化部通过法国驻上海总领事馆向他颁发了"法兰西共和国文学艺术军官勋章"。

2010年11月，国际博物馆协会第22次大会在上海举行，上海博物馆作为承办方积极开展工作，并且成功邀请法国前总统希拉克专程来上海出席大会闭幕活动。11月12日上午，希拉克先生在闭幕大会上发表了热情洋溢的讲话。下午，参加了《希拉克回忆录》中文版的首发式，并且为一些中国读者在书上签名。随后，他再一次访问了上海博物馆，参观了他深深喜爱的青铜器馆。

希拉克认为："千百年来，中国人通过各种形式为人类历史、思想文明、文学宝库和艺术创造作出了巨大的贡献。"①

2019年9月26日，雅克·希拉克先生在巴黎去世，上海博物馆通过法国驻上海总领事馆专门发了唁电，并且到总领馆进行吊唁。

陈克伦

上海博物馆原副馆长

---

① 【法国】雅克·希拉克：《希拉克回忆录：步步为赢，1932～1995》，译林出版社2010年11月。

Jacques Chirac et le Musée de Shanghai

Comme nous le savons tous, l'homme politique français Jacques Chirac a toujours été attiré par la civilisation asiatique, en particulier la civilisation chinoise, et a été un vrai connaisseur des bronzes chinois. Sa passion pour la culture orientale a été introduite par les collections du musée Guimet à Paris dans sa jeunesse. Il a rappelé dans ses *Mémoires* : « *Sur le chemin du lycée Carnot, je m'arrêtais souvent au Musée Guimet. J'étais un enfant solitaire, passionné par les cultures les plus anciennes. Le musée était une initiation unique pour des enfants comme moi. C'est au musée Guimet que j'ai rencontré et appris à aimer l'Asie, découvert le génie des civilisations majestueuses, et mesuré leur grandeur.* »[1] Au cours de ses nombreux voyages en Chine, la visite des musées était devenue un incontournable.

En 1991, Chirac a visité le Musée de Shanghai (l'ancien musée de Shanghai sur la rue Henan) en tant que maire de Paris et le directeur Ma Chengyuan l'a accompagné pour visiter les collections de bronze.

Le 7 mai 1995, Chirac est élu Président de la République française. En mai 1997, Chirac a visité la Chine pour la première fois en tant que président, et Shanghai

---

[1] *Mémoires: chaque étape devrait être une cible, 1932-1955*, Jacques Chirac, Version chinoise; Yilin Press, Novembre 2011.

était le dernier arrêt. Le 18 mai, le président Chirac s'est rendu au nouveau Musée de Shanghai, achevé en moins d'un an, et il a visité les galeries du Bronze, de la Céramique, des Peintures et du Jade. Il était particulièrement intéressé par les bronzes, affirmant qu'il avait lu les œuvres du conservateur Ma Chengyuan. En face des collections de bronze, le président Chirac et le conservateur Ma ont discuté sur leurs formes, leurs inscriptions ainsi que leurs époques. Lors de la visite de la galerie des peintures, le président Chirac a souhaité que le rouleau de « Gao Yi Tu » (les sept sages de la forêt de bambous), créé par SUN Wei durant la dynastie Tang, soit exposé à Paris, en échange du tableau de la « Joconde » du Louvre (l'œuvre de Leonardo Da Vinci). Ma Chengyuan a invité le président à assister à l'inauguration de l'exposition de bronze du Musée de Shanghai au musée Cernuschi à Paris l'année suivante. Le président a laissé sur le livre d'or: « *Le Musée de Shanghai est un musée magnifique, merci à Ma Chengyuan pour sa chaleureuse introduction.* » Le temps de cette visite a dépassé largement le temps prévu mais le président rassura avec humour que son jet privé pouvait reporter le décollage.

Le 7 septembre 1998, sous le haut patronage du président Chirac, et en tant qu'échange de l'exposition du Musée de Shanghai en France, le musée Cernuschi a prêté un des deux « You-Tigre » de la fin de dynastie Shang au Musée de Shanghai pour une exposition de 3 mois, l'autre You se trouvant parmi les collections du Musée Sen-Oku Hakukokan à Tokyo. Le président Chirac a spécialement écrit une préface pour le catalogue de l'exposition. Il a présenté l'origine du « You Tigre » et ses légendes, et a aussi déclaré que les échanges culturels sont « un lien entre l'Est et l'Ouest ».

Dans l'après-midi du 18 septembre 1998, le président Chirac a reçu chaleureusement la délégation du Musée de Shanghai, dont Ma Chengyuan est chef, à son office de l'Élysée. Le président Chirac a d'abord déclaré que sa visite au Musée de Shanghai en mai dernier l'avait profondément impressionné et qu'il avait été profondément impressionné et avait beaucoup apprécié les collections du Musée de Shanghai, la présentation et l'architecture du nouveau musée, montrant en particulier un grand intérêt pour les œuvres de bronzes. Il considère que le Musée de Shanghai est l'un des plus grands musées du monde de nos jours, et que le conservateur Ma est un des plus grands experts en reliques culturelles, d'une grande renommée en Europe et dans le monde entier. Il a renouvelé son remerciement au conservateur Ma de l'avoir personnellement accompagné pour visiter le Musée de Shanghai l'année d'avant. La délégation du Musée de Shanghai s'est rendue en France afin de participer à l'inauguration de l'exposition. « Rites et festins de la Chine antique: bronzes du Musée de Shanghai », qui a eu lieu en célébration du 100e anniversaire du musée Cernuschi. Le président Chirac a remercié le conservateur Ma d'avoir généreusement prêté 56 chefs d'œuvres de bronzes au musée français. De même, il a été très heureux que le public chinois découvre au musée de Shanghai le célèbre « You-Tigre », prêté par le musée Cernuschi. À la demande du président Chirac, Ma Chengyuan a présenté la situation actuelle et l'évolution des musées en Chine, à laquelle le président a exprimé son admiration. Il a également discuté en détail avec les membres de la délégation sur des questions académiques telles que les origines de l'écriture, des bronzes et de la poterie chinois. Le président Chirac a montré une connaissance et une compréhension profondes de la culture chinoise ancienne. Ma a offert au président Chirac le beau-livre *Collection complète de bronzes chinois* édité sous sa direction.

En reconnaissance des contributions exceptionnelles de Ma Chengyuan au développement des musées du patrimoine culturel chinois et aux échanges culturels sino-français, le président Chirac a personnellement décerné au directeur Ma Chengyuan « Ordre de la Légion d'Honneur », fondée par Napoléon, tandis que les membres de la délégation, Chen Peifen et Chen Kelun, ont reçu la médaille de « Chevalier de l'Ordre National du Mérite », fondé par Charles de Gaulle. La réunion a duré une heure et demie. L'ambassadeur de Chine en France de l'époque, Monsieur Cai Fangbai, a participé à la réunion et à la cérémonie de décoration.

L'après-midi du 21 septembre 1998, le président Chirac a assisté à l'inauguration de l'exposition des bronzes du Musée de Shanghai au musée Cernuschi. Accompagné de Ma Chengyuan, il a visité l'exposition avec grand intérêt, et, ensemble, ont vivement discuté au sujet d'un « Ding », s'il provenait de la dynastie Xia ou du début de la dynastie Shang. Jacques Chirac ne voulait manquer aucune œuvre et a posé des questions très professionnelles sur la classification, l'époque et la technologie de production de chaque pièce. Les réponses de Ma Chengyuan l'a rendu très satisfait. Bien que la visite était prévue de 45 minutes, elle en a duré 80. Il a remercié le gouvernement chinois, le conservateur Ma et ses collègues d'avoir envoyé une exposition si exceptionnelle à Paris, et a souhaité que le Musée de Shanghai organise davantage d'échanges culturels avec la France et qu'il envoie plus d'œuvres du patrimoine chinois afin de les exposer en France. Au moment de dire au revoir, le président Chirac a tenu la main du conservateur et a dit : « *Dans l'avenir, j'espère vous voir à chaque fois que vous venez à Paris.* »

En octobre 1999, lors de la visite officielle du président chinois Jiang Zemin en France, le président français a invité le conservateur Ma Chengyuan à son banquet d'État organisé pour le président Jiang, et l'a présenté à ce dernier avec ces mots: « *C'est mon grand ami.* » Sous les dispositions du président Chirac, Ma Chengyuan a donné une conférence sur les bronzes chinois à Paris, et le président Chirac « a regretté » de ne pas avoir pu assister à la conférence en personne.

En janvier 2001, le Musée Guimet de Paris était sur le point de rouvrir après cinq ans de rénovation. Ma Chengyuan, qui a été nommé consultant pour le Musée de Shanghai, a été invité à participer à son inauguration en tant que seul représentant des musées en Chine et j'ai eu la chance de l'accompagner. Le 14 janvier au matin, nous avons visité l'avant-première de l'exposition du Musée

Guimet et rencontré le président Chirac dans le hall. Ils ont discuté de certaines œuvres chinoises de l'exposition. L'ambassadeur de Chine en France Monsieur Wu Jianmin et son épouse ont assisté à la réunion. Le lendemain, le tout nouveau Musée Guimet a été inauguré. Quelques jours plus tard, le président Chirac a confié à son assistant le soin d'inviter Ma Chengyuan à déjeuner à l'Élysée.

Le 19 janvier 2004, la cérémonie de dévoilement du « Zun-Eléphant » en bronze de la dynastie Shang, collection du Musée Guimet s'est tenue au Musée de Shanghai. A l'initiative du président Chirac, le bronze « Zun-Sacrifice » du Musée de Shanghai et le « Zun-Eléphant » ont été échangés pour 3 mois d'exposition, ce qui fut un des événements des années croisées sino-françaises qui ont eu lieu d'octobre 2003 à septembre 2005. Le « Zun-Sacrifice » est un chef d'œuvre des bronzes Hunyuan de la fin de l'époque Chunqiu, avec des formes uniques et une décoration magnifique; « Zun-Eléphant » est la plus grande des statues existantes en bronze en forme d'animal. Son style simple et élégant montre l'esprit des bronzes de la Chine du Sud. Le président Chirac, dans la préface de l'album, a écrit : « *Cet échange est la meilleure preuve de la forte amitié entre la Chine et la France.* »

Dans l'après-midi du 11 Octobre 2004, le président Chirac a de nouveau visité le Musée de Shanghai, principalement la galerie du bronze. Li Zhaoyuan, le directeur adjoint lui a présenté quelques-uns des objets récemment exposés, puis lui a fait admirer plusieurs œuvres spécialement sorties depuis l'entrepôt du musée pour cette occasion. Le président Chirac était très intéressé par un Qing en forme de cochon et a échangé avec des experts du musée à propos de son époque de production. La visite a duré une heure et le président Chirac a exprimé son souhait de revisiter le musée la prochaine fois qu'il visitera Shanghai.

Deux mois avant sa visite en Chine, Jacques Chirac a demandé l'ancien conservateur Ma Chengyuan via le consulat général de France à Shanghai s'il pouvait l'accompagner pour une visite d'une demi-heure, et lui a informé qu'une Patrouille de France viendrait en Chine avec le président. Pour cette occasion, Monsieur Ma serait invité à regarder le spectacle aérien au-dessus de la place du Peuple sur le toit du Musée de Shanghai. Monsieur Ma a accepté l'invitation avec grand plaisir et a même commandé un nouveau costume pour cette occasion. De façon inattendue, peu de temps avant la visite du président Chirac en Chine, Monsieur Ma Chengyuan meurt malheureusement de maladie. Le président Chirac a donc envoyé un télégramme de condoléances et a chargé le consulat français d'apporter une très grande couronne de deuil orné de fleurs blanches aux obsèques de Monsieur Ma.

En mars 2005, Monsieur Wang Qingzheng, directeur adjoint du Musée de Shanghai est décoré « Officier de l'Ordre des Arts et des Lettres » par le consul de Shanghai de la part du Ministère de la Culture française pour son travail acharné sur l'exposition « Les Monts Sacrés » tenue pendant l'Année de Chine en France.

En novembre 2010, le 22e Congrès de l'Association Internationale des Musées s'est tenu à Shanghai. Le Musée de Shanghai a activement mené ses travaux en tant qu'organisateur et a réussi à inviter l'ancien président français Chirac à venir à Shanghai pour assister à la cérémonie de clôture. Le matin du 12 novembre, Monsieur Chirac a prononcé un discours chaleureux lors de la cérémonie. Dans l'après-midi, il a participé au lancement de la version chinoise des *Mémoires de Jacques Chirac, à gagner pas à pas: 1932-1995*, et a dédicacé quelques livres pour les lecteurs chinois. Plus tard, il a visité de nouveau le Musée de Shanghai et sa galerie du bronze qu'il aimait profondément.

Chirac estime : « *Pendant des milliers d'années, le peuple chinois a apporté une contribution énorme à l'histoire humaine, à la civilisation idéologique, aux trésors littéraires et à la création artistique sous diverses formes. »*[1]

Le 26 septembre 2019, M. Jacques Chirac s'est éteint à Paris. Le Musée de Shanghai a envoyé un message spécial de condoléances par le biais du Consulat général de France à Shanghai et s'est rendu au Consulat général pour présenter ses condoléances.

Chen Kelun
Ancien Vice Président du Musée de Shanghai

---

[1] *Mémoires:Chaque pas doit être un but*, 1932-1955, Jacques Chirac. Traduction chinoise chez Yilin Press, November 2011.

President Jacques Chirac and the Shanghai Museum

It is well-known that French statesman Jacques Chirac had always been fascinated by Asian civilizations, especially Chinese civilization, and was particularly knowledgeable about Chinese bronze ware.

During his youth in Paris, his passion for Oriental culture was born from his repeated visits to the collections at the Guimet Museum. He recalled in his Memoirs, "On my way to Lycée Carnot, I often stopped at the Guimet Museum. I was a lonely child, passionate about the oldest cultures. The museum was a unique initiation for a child like me... It was at the Guimet Museum where I discovered and fell in love with Asia and appreciated the fascination and grandeur of those magnificent civilizations."[1] Therefore, visiting museums become standard practice whenever he visited China.

In 1991 when Chirac visited the Shanghai Museum (the old museum on Henan Road) in his capacity as Mayor of Paris, he was accompanied by curator Ma

---

[1] *Memoires: Each Step Should Be A Goal, 1932-1995*, Jacques Chirac, Chinese Version; Yilin Press, November 2010

Chengyuan on a tour of the Bronze Gallery.

Chirac was elected President of the French Republic on May 7, 1995, and made his first visit to China as President in May 1997, with Shanghai as his final stop. On May 18, President Chirac visited the new Shanghai Museum, completed in less than a year, and went to the bronze, ceramics, paintings, and jade galleries. He was particularly interested in the bronzes, claiming that he had read the books on bronzes of curator Ma Chengyuan. In front of the bronze collections, President Chirac and curator Ma discussed their forms, inscriptions, and eras. During their visit to the painting gallery, President Chirac expressed his wish to have the painting of "Gao Yi Tu" (the Seven Sages of the Bamboo Grove) by Sun Wei of the Tang Dynasty (618-907) exhibited in Paris, and he was willing to exchange it for an exhibition of the "Mona Lisa" (the work of Leonardo Da Vinci) from the Louvre. Mr. Ma Chengyuan invited the president to attend the inauguration of the Shanghai Museum Bronze Exhibition at the Cernuschi Museum in Paris the following year. The president left a comment in the guestbook saying, "The Shanghai Museum is an extraordinary museum, and I would like to thank Mr. Ma Chengyuan for his warm introduction." As the visit took considerably longer than the time scheduled, the President wryly said his private flight could be postponed.

On September 7, 1998, with the support of President Chirac, the "You-Tigers/ Ritual Wine Container in the Shape of Tiger" of the late Shang Dynasty (1766 BC–1122 BC) in Cernuschi Museum, of which there are only two in existence (the other is at the Sen-Oku Hakuko kan Museum in Japan) was exhibited in the Shanghai Museum for three months as part of the exchange of Chinese exhibition in France. President Chirac had specially written a preface for the exhibition catalog produced by the museum, in which he presented the origin of "You Tigers" and its legends, as well as highlighting these cultural exchanges as "a bond between East and West".

On the afternoon of September 18, 1998, President Chirac warmly received the delegation from the Shanghai Museum, headed by Mr. Ma Chengyuan, at his office at the Elysée Palace. He began by saying that he had been deeply impressed by his visit to the Shanghai Museum in May last year and had greatly appreciated the collections, the display, and the architecture of the new museum, showing a particular interest in the works of bronze. He considered the Shanghai Museum to be one of the best museums in the world today and described curator Ma as one of the greatest experts in cultural relics, renowned in Europe and around the world. He reiterated his gratitude to curator Ma for personally accompanying him on his visit to the Shanghai Museum the previous year. The delegation from Shanghai Museum traveled to France for the inauguration of the exhibition "Ceremonies and Feasts of Ancient China, Bronzes from the Shanghai Museum", which took place in celebration of the Cernuschi Museum's 100th anniversary. President Chirac thanked curator Ma for his generosity in loaning 56 bronze masterpieces to the exhibition of the French museum. Likewise, he expressed his delight at the fact that the Chinese audience met the famous "You-Tiger" at the Shanghai Museum, on loan from the Cernuschi Museum. At the request of President Chirac, Mr. Ma Chengyuan presented the status quo and the evolution of museums in China at that time, to which the President expressed his admiration. President Chirac also had detailed discussions with members of the delegation on academic issues, such as the origins of Chinese writing, bronzes, and pottery, and he demonstrated his deep knowledge and understanding of ancient Chinese culture. Mr. Ma offered President Chirac the book that he edited, "The Complete Collection of Chinese Bronzes".

In recognition of the outstanding contribution made by Ma Chengyuan and others in the cause of Chinese cultural heritage museums and Sino-French cultural exchanges, President Chirac personally awarded Ma Chengyuan "the National Order of the Legion of Honour", created by Napoleon, and the members of the delegation, Chen Peifen and Chen Kelun, the medal of "Knights of National Order of Merit", created by Charles de Gaulle. The meeting lasted an hour and a half. The Chinese Ambassador to France, Mr. Cai Fangbai, also participated in the meeting and the conferral ceremony.

On the afternoon of September 21, 1998, President Chirac attended the inauguration of the Shanghai Museum Bronzes Exhibition at the Cernuschi Museum. Accompanied by Mr. Ma Chengyuan, he toured the exhibition with much enthusiasm, and they had a lively discussion about a "Ding", specifically whether it was from the Xia Dynasty (2205 BC – 1766 BC) or the early Shang Dynasty (1766 BC – 1122 BC). Jacques Chirac did not want to miss any of these masterpieces and asked highly specialized questions about the classification, age, and production techniques of each one, which were all answered to his satisfaction by curator Ma. Although the tour was scheduled for 45 minutes, it lasted 80 minutes. He thanked the Chinese government, curator Ma, and his colleagues for sending such an exceptional exhibition to Paris, and hoped that the Shanghai Museum would further strengthen cultural exchanges with France, especially the exhibition of more works of Chinese heritage in France. As he said goodbye, President Chirac held the curator's hand and said, "I hope to see you every time you come to Paris in the future."

In October 1999, during Chinese President Jiang Zemin's official visit to France, President Chirac invited curator Ma Chengyuan to Paris to attend his state banquet in honor of President Jiang, and introduced him to President Jiang as "my good friend". Under President Chirac's arrangements, Mr. Ma Chengyuan gave a lecture on Chinese bronzes in Paris, and President Chirac "regretted" not being able to attend it in person.

In January 2001, the Guimet Museum in Paris was about to reopen after five years of renovation. Ma Chengyuan, a consultant for the Shanghai Museum, was invited to participate in its inauguration as the sole representative of China's museums and I had the privilege to accompany him. On the morning of January

14, we visited the preview of the new exhibition at the Guimet Museum and met President Chirac in the lobby as arranged, where they discussed some Chinese works in the exhibition. The meeting was also attended by the Chinese Ambassador to France Mr. Wu Jianmin and his wife. The next day, the brand new Guimet museum was inaugurated. A few days later, at noon, President Chirac entrusted his assistant with inviting Mr. Ma Chengyuan to the special reception for him at the Elysée Palace.

On January 19, 2004, the unveiling ceremony of the "Elephant-shaped Bronze Zun" of the Shang Dynasty, a piece from the collection of the Guimet Museum, was held at the Shanghai Museum. On the initiative of President Chirac, the "Xi Zun Bronze" of the Shanghai Museum and the "Elephant-shaped Bronze Zun" were exchanged for three months of exhibition as one of the events for the China-France Cultural Year from October 2003 to September 2005. The "Xi Zun Bronze" is a masterpiece of renowned "Hunyuan Bronzes" from the late Spring and Autumn Period (770 BC – 476 BC), with unique shapes and magnificent decoration; the "Elephant-shaped Bronze Zun" is the largest of the surviving animal-shaped bronzes, its rustic style, and elegance showing the charm of southern Chinese bronze culture. President Chirac wrote in the preface to the album, saying that "this exchange is the best proof of the strong ties of friendship between China and France".

On the afternoon of October 11, 2004, President Chirac paid another visit to the Shanghai Museum, mainly the Bronze Gallery, where he was introduced by deputy director Li Zhaoyuan to some of the recently exhibited objects, followed by several fine works specially brought out from the museum warehouse. President Chirac was deeply interested in a Qing piece in the shape of a pig and exchanged views with experts at the museum on its production time and other academic issues. The visit lasted for one hour, and President Chirac expressed his wish to visit the Shanghai Museum on his next trip to Shanghai.

Two months before he visited China, Jacques Chirac asked former curator Ma Chengyuan via the Consulate General of France in Shanghai if Mr. Ma could accompany him on a half-hour visit. He also told him that a French Acrobatic Patrol (Patrouille de France) would be in China with the President and invited Mr. Ma to watch the display performed by his Patrol over the People's Square from the roof of the Shanghai Museum. Mr. Ma accepted the invitation with great pleasure and tailored a new suit for the meeting. Unexpectedly, shortly before President Chirac's visit to China, Mr. Ma Chengyuan passed away due to an unfortunate illness. President Chirac, therefore, sent a message of condolence and commissioned the French consulate to present a large mourning wreath of white flowers as a tribute to Mr. Ma's farewell ceremony.

In March 2005, the French Ministry of Culture, through the Consulate General of France in Shanghai, awarded Mr. Wang Qingzheng, deputy director of the Shanghai Museum "Officer of the Order of Arts and Letters" for his hard work on the exhibition "Les Monts Sacrés" during the Year of China in France.

In November 2010, the 22nd Congress of the International Association of Museums was held in Shanghai. The Shanghai Museum actively carried out its work as an organizer and succeeded in inviting former French President Chirac to attend the closing event in Shanghai. Therefore, on the morning of November 12, Mr. Chirac delivered a warm speech at the closing session. In the afternoon, he participated in the book launch of the Chinese edition of "Memoirs: Each Step Should be a Goal, 1932-1955", signing the copies for a number of Chinese readers. Then he paid another visit to the Shanghai Museum and its Bronze Gallery, which he deeply loved.

Chirac believed, "For thousands of years, the Chinese people have made enormous contributions to human history, ideological civilization, literary treasures and artistic creation in various forms[1]."

On September 26, 2019, Mr. Jacques Chirac passed away in Paris. The Shanghai Museum sent a special message of condolence through the Consulate General of France in Shanghai and visited the Consulate General to pay its respect.

Chen Kelun
Former Deputy Director of Shanghai Museum

---

[1] *The Memoir: Each Step Should Be A Goal, 1932-1995*, Jacques Chirac, Chinese Version; Yilin Press, November 2010

昨天，留给明天的启示

"告诉你们这些，是因为中国在我心中占据着特别的位置。"

雅克·希拉克，《希拉克回忆录》第二卷"总统时光"

千里之行，始于足下。在雅克·希拉克之前，很少有法国总统会像他一样，为加强中法关系、深化两国人文交流而采取诸多措施。

当然，我们大家都会铭记戴高乐将军于1964年1月27日正式承认中华人民共和国政府这一富有远见的奠基之举，它使得联合国安理会常任理事国之一的法国成为第一个与新中国建立大使级外交关系的西方大国。熟谙中国文化、深信中国重要性的吉斯卡尔·德斯坦总统为中法双边关系的发展注入了新的动力。例如，1980年，他为法国驻上海总领事馆揭幕，为深化两国在经济、科学及学术领域内的合作开辟了新的道路，使两国更加紧密团结。

显然，希拉克总统秉承了这一传统理念。作为一名政治家，他坚信一个正在崛起的大国在当下和未来能起到的作用。在世界多极化的背景下，他清楚地意识到：全球面临挑战日益严峻，要应对挑战，中法双边关系至关重要。他把中法关系放在优先位置，显然是正确的。在拯救地球方面，他的投入远远走在时代前列。人们不会忘记他在约翰内斯堡演讲时的谆谆告诫："我们的家已经火光冲天，但我们却还盯着别处！"他希望人类可以预防和控制重大流行病，维护人类的共同财富——健康。埃博拉病毒及新型冠状病毒的出现证明，他的担忧仍具有现实意义。中法两国同为联合国安理会常任理事国。他在联合国框架内捍卫多边主义，旨在建立一个维护和平与繁荣的世界秩序，这在今天仍然很重要。

当然，这并没有妨碍他捍卫法国的利益。毫无疑问，如今大量空客系列飞机在中国投入使用，部分功劳要归于他。法国前总理让-皮埃尔·拉法兰著有一部论述中法关系的书①，非常有启发性。书中他回忆道，希拉克总统对每位对话者都直言不讳。雅克·希拉克也在其回忆录②中记录了他在1975年与邓小平的会晤，以及后来与江泽民和胡锦涛的对话。谈话都很坦诚，涉及众多话题，甚至对于最为敏感的话题也毫不避讳。

这正因为雅克·希拉克总统是以朋友的身份来交谈。他发自内心地热爱中国，热爱充满智慧的中国人民。中国不仅为世界带来了许多伟大的艺术家、工匠及发明家，还为人类历史作出了巨大的贡献。归根到底，在我看来，希拉克总统坚信，如果一方不被虚幻的东西所迷惑，而是去努力理解另一方，如果一方谦逊且真挚地尊重另一方，那么人与人之间的鸿沟就可以弥合。于他而言，保持文化多样性、促进文明间的对话、维护各文明都应享有的平等的尊严，绝不是空话。相反，这些原则是他根深蒂固的信念，是人权普遍性的必然结果。毫无疑问，正因如

---

① 《辩证看中国》，米歇尔·拉封出版社，2019年。

② 《希拉克回忆录》，尼尔出版社，第一卷《步步为赢》，2009年；第二卷《总统时光》，2011年。

此，他才不遗余力地促进中法两国之间的文化交流——如今我们称其为"人文交流"，它是稳固双边关系必不可少的基础。

2000年世纪之交，雅克·希拉克担任法国总统期间，我进入外交部工作。他的原则及人生选择对我而言极为重要，深深影响了我的职业生涯。

事实上，虽未能有幸成为他的直接合作者之一，但与我这一代所有外交官一样，我对他在捍卫联合国的多边主义、反对伊拉克问题上的军事冒险主义时所作的努力印象深刻。不幸的是，当今世界仍在为无视国际法、依靠蛮力而付出代价，尤其在应对恐怖主义的时候。几年后，我参与了一场旨在预防重大危机、维护世界和平的艰难对话。这次对话是联合国安理会5个常任理事国和德国（P5+1）为了限制伊朗的核计划而与伊朗所举行的谈判中的一部分。

在我人生中的两个关键时刻，我有机会见证雅克·希拉克是如何看待中法关系的。

第一个时刻是在2003年至2004年间，由于工作原因，我得以参与组织在法国举办的中国文化年活动。此次活动由希拉克总统及胡锦涛主席共同发起，取得了巨大的成功。中国文化年期间，法国共举行了400多场活动，近200万游客欣赏到了中国传统文化以及当代艺术作品，领略到了中国文化多姿多彩的魅力。中国，这个法国人不甚了解的国家，展现出了其活力和生命力。令我记忆深刻的是2003年10月6日在镀金门宫举行的"近距离看中国"展览发布会，该展览聚焦的是中国人的日常生活。同时，那些触动法国人民的重要时刻也令我记忆犹新。例如香榭丽舍大街上的春节大游行、身披红装的埃菲尔铁塔以及闭幕式上照亮凡尔赛宫的烟火。我还记得一些大型的当代艺术展览，包括东京宫的陈震回顾展、国立网球场现代美术馆的赵无极回顾展以及让我们感受到当代艺术多元化的蓬皮杜艺术中心"那么，中国呢？"展览。令我尤其难忘的是2004年3月邀请了中国作家参与的巴黎书展。法国人求知欲旺盛，认为阅读是人类不可剥夺的权利。

那时，我不会想到十五年后我会成为法国驻上海总领事，也不会想到我能为促进两国之间文化及人文交流作出切实的贡献，从而得以见证第二个时刻。事实上，如果两国的年轻人、学者和艺术家从不见面、绝少交流、不能相互理解，那么我们的双边关系就不能得到进一步的发展。这就是为什么在教育领域我们必须再为欧洲学校（L'Eurocampus）建一座校园。新校园将上海的法国学校与德国学校合并起来，为未来几代人加强与中国的双边关系提供可能。法国和德国的年轻学生如果对中国文化感兴趣，可以来学习中文，为将来与中国同行合作做准备。这对中法德三国来说是莫大的机会！促进国际学生流动和学术交流一直都要摆在优先位置，因为只有互相理解，双方才能建立起紧密的联系。我会铭记里昂商学院、昂热高等商学院及巴黎政治学院的友好合作。感谢才华横溢又充满活力的弗莱德理科·米雍校长。中方的合作伙伴主要是同济大学与华东师范大学，我要向一直以来支持推动双边关系发展的两所大学历届校长致敬。在文化领域，我很自豪，因为我们帮助了法国蓬皮杜艺术中心与上海西岸美术馆开展合作，成立了一个新中法艺术和文化交流中心。2019年11月5日，法国总统埃马纽埃尔·马克龙对中国进行国事访问，并为该中心主持揭幕仪式。但最为重要，也最令我感慨的是2017年8月，我能够亲自给毕飞宇颁发法国艺术与文学骑士勋章，我们是在2017年8月的巴黎书展上相识的。这一切都仿佛存在着一种神秘而深刻的联系。跨越岁月、克服距离、化解分歧，中法文化年的精神将一直引领着我们前行。

　　雅克·希拉克总统任期结束以来，世界发生了深刻变化。可以说，双边挑战更加难以应对，世界将愈加危机四伏。这就是为什么雅克·希拉克的谆谆教导比以往任何时候都更具备现实意义：真诚、尊重、对话、决心和远见的理念将一直流传，给予我们启示与滋养。

柯瑞宇

法国外交官，曾任法国驻上海总领事（2015–2019年）

Hier, un message pour demain.

« Si je vous dis tout cela, c'est parce que la Chine a une place spéciale dans mon cœur. »

Jacques Chirac, *Mémoires*, T2, *Le temps présidentiel*

Un voyage de 1000 lis commence toujours par le premier pas. Avant Jacques Chirac, peu de présidents français auront fait autant de pas sur le long chemin entre la France et la Chine pour rapprocher nos deux pays et nos deux peuples.

Bien sûr, nous avons tous en mémoire le geste fondateur et visionnaire du général De Gaulle le 27 janvier 1964, reconnaissant la République populaire de Chine et faisant ainsi de la France le premier grand pays occidental membre du Conseil de sécurité des Nations Unies à établir des relations diplomatiques au niveau ambassadeur avec la RPC. Le président Valéry Giscard d'Estaing, tout à la fois homme d'une authentique culture chinoise et convaincu de l'importance de la Chine, avait donné une impulsion nouvelle à nos relations bilatérales, inaugurant par exemple le consulat de France à Shanghai en 1980, ouvrant ainsi la voie à des relations économiques, scientifiques, universitaires qui unissent depuis profondément nos pays.

Le président Chirac s'inscrivait à l'évidence dans cette tradition. L'homme d'État était persuadé du rôle présent et futur d'une puissance montante. Il mesurait l'importance de la relation franco-chinoise dans un monde multipolaire pour relever les défis globaux de plus en plus sévères qu'il avait lucidement identifiés. Son engagement en faveur de la sauvegarde de la planète était en avance sur son temps. Qui ne se souvient de son discours de Johannesburg et de son cri d'alarme :« *Notre maison brûle et nous regardons ailleurs* !» Sa volonté de prévenir et de maîtriser les grandes pandémies, de préserver ce bien commun de l'humanité qu'est la santé, reste d'une brûlante actualité avec Ébola ou l'apparition de nouveaux coronavirus. Sa défense d'un multilatéralisme de l'action pour bâtir un ordre mondial de paix et de prospérité, dans le cadre des Nations Unies dont la France et la Chine sont des membres permanents du Conseil de sécurité, résonne particulièrement aujourd'hui.

Bien entendu, cela ne l'a jamais empêché de défendre les intérêts de la France. Si autant d'Airbus volent en Chine, c'est sans doute en partie grâce à lui! Comme le rappelle l'ancien Premier ministre Jean-Pierre Raffarin dans un récent livre très éclairant et stimulant sur les relations franco-chinoises[1], le président Chirac a toujours dit ce qu'il avait à dire à ses interlocuteurs. Les *Mémoires*[2] de Jacques Chirac, relatent ainsi ses entretiens depuis sa rencontre avec Deng Xiaoping en 1975 jusqu'à ceux avec Jiang Zemin et Hu Jintao qui ont toujours été francs et ont porté sur tous les sujets, même les plus sensibles.

Car Jacques Chirac s'exprimait comme seul un ami sait et peut le faire. Il avait une passion authentique pour la Chine, pour le génie de son peuple, qui a donné tant de grands artistes, artisans et inventeurs au monde et tant apporté à l'histoire de l'humanité. Je crois que, plus fondamentalement, il était intimement persuadé qu'il n'y avait pas de fossé infranchissable entre les êtres humains, si

---

[1]   *Chine, le grand paradoxe*, Michel Lafon, 2019

[2]   *Mémoires*, Nil, *T1 Chaque pas doit être un but*, 2009 et *T2, Le temps présidentiel*, 2011

l'on cherchait à comprendre l'autre, si on respectait son identité, sans se laisser abuser par les mythes, mais avec humilité et sincérité. La diversité culturelle, le dialogue entre les cultures et leur égale dignité n'étaient pas pour lui de vains mots. C'étaient au contraire une conviction profondément ancrée, et pour lui le corollaire de l'universalité des droits de l'homme. C'est sans doute la raison pour laquelle il a tant fait pour développer les échanges entre les Français et les Chinois, ce que l'on appelle aujourd'hui les échanges humains, fondation indispensable sans laquelle il ne peut exister de relation bilatérale solide.

Pour moi, entré au Ministère des Affaires étrangères au tournant des années 2000, alors que Jacques Chirac était président de la République, ces principes, ces choix de vie, ont eu une grande importance et ont influencé ma carrière.

En effet, si je n'ai pas eu le privilège de devenir un de ses collaborateurs directs, j'ai cependant, comme tous les diplomates de ma génération, pu vivre intensément sa défense du multilatéralisme onusien, et le refus de l'aventurisme militaire en Irak. Le monde paye malheureusement encore aujourd'hui, notamment en matière de terrorisme, le prix d'une force brute qui a méprisé la règle de droit international. Quelques années plus tard, j'ai également travaillé à ce qui était un dialogue exigeant pour prévenir une crise majeure, dans le cadre des négociations des 5 membres permanents du Conseil de sécurité, en compagnie de l'Allemagne, avec l'Iran pour contraindre le programme nucléaire de ce dernier à rester pacifique.

Cette vision de nos relations avec la Chine qu'avait Jacques Chirac, j'ai pu la vivre directement à deux moments pour moi particulièrement importants.

Le premier se déroula en 2003 et 2004, mes fonctions m'ont amené à participer à l'organisation de la partie française des années croisées entre la France-

Chine, voulues par les présidents Chirac et Hu Jintao, et qui furent un immense succès. Pour l'année de la Chine en France, ce furent plus de 400 manifestations permettant à un vaste public, près de 2 millions de visiteurs, de découvrir la culture chinoise dans toute sa diversité, sa culture ancienne comme sa création contemporaine. Formidable ouverture sur le dynamisme d'un pays que les Français connaissent trop mal! Je me souviens notamment du lancement officiel le 6 octobre 2003 au Palais de la Porte Dorée avec « La Chine vue de près », coup de projecteur sur le quotidien des Chinois. Je me souviens de moments forts qui ont touché le cœur des Français, comme le défilé du nouvel an chinois sur les Champs-Élysées, la Tour Eiffel illuminée en rouge ou le feu d'artifice de clôture à Versailles. Je me souviens des grandes expositions d'art contemporain, les rétrospectives Chen Zhen au Palais de Tokyo et Zao Wou-Ki au Jeu de Paume, ou le Centre Pompidou qui donnait un aperçu de la multiplicité des créations contemporaines avec « Alors la Chine? ». Je me souviens surtout de l'invitation des lettres chinoises au Salon du livre de mars 2004. Lecteurs curieux, considérant presque que lire est un droit inaliénable de l'humanité.

J'étais à ce moment-là très loin d'imaginer que,15 ans plus tard, devenu consul général à Shanghai, j'allais vivre un deuxième moment, en œuvrant concrètement au rapprochement culturel et humain entre nos deux pays. En effet, nos relations bilatérales n'ont pas d'avenir si nos jeunesses, si nos universitaires, si nos artistes, ne se rencontrent pas, ne se parlent pas, ne se comprennent pas. C'est pourquoi, dans le domaine éducatif, il s'est notamment agi de construire le second campus de l'Eurocampus, qui regroupe le lycée français de Shanghai et l'école allemande, et qui constitue le creuset où se forgent de nouvelles générations de jeunes Français et Allemands, curieux de la culture de la Chine, parlant sa langue et prêts à travailler avec elle. C'est une chance pour nos trois pays! Dans le domaine universitaire, développer la mobilité étudiante et les échanges académiques fut ainsi une priorité constante, car c'est de la compréhension mutuelle que naissent les liens les plus étroits. Je me souviendrai longtemps des belles coopérations, avec l'EM Lyon, l'ESSCA, ou Sciences-Po, grâce à son talentueux et dynamique directeur, Frédéric Mion, ou du côté chinois, Tongji et l'Université normale de la Chine de l'Est dont je voudrais saluer l'action des présidents successifs en faveur des coopérations bilatérales. Dans le domaine culturel, j'ai été très fier de pouvoir aider le Centre Pompidou à mettre en place avec le West Bund, un nouveau centre de dialogues artistiques et culturels franco-chinois et de le voir inaugurer le 5 novembre 2019 par le président Macron, lors de sa très réussie visite d'État. Mais surtout, quelle ne fut pas mon émotion, en août 2017 lorsque j'ai pu remettre au même Bi Feiyu que j'avais découvert au Salon du livre à Paris, les insignes de Chevalier de l'Ordre des Arts et des Lettres. Il y avait là comme une mystérieuse et profonde correspondance. Enjambant les années, ignorant les distances, dépassant les différences, l'esprit des Années Croisées, guidait notre action!

Depuis la fin de la présidence de Jacques Chirac, le monde a profondément changé. Les défis bilatéraux sont sans doute encore plus difficiles à relever, les dangers globaux sont encore plus grands. C'est pourquoi ses enseignements gardent plus que jamais toute leur actualité: sincérité, respect mutuel, dialogue, détermination, vision. Son héritage continue de nous enrichir. Son message continue de nous éclairer.

Axel Cruau

Diplomate Français, Consul Général de France à Shanghai de 2015 à 2019

Yesterday: A Message for Tomorrow

"If I tell you all this, it's because China holds a special place in my heart."

Jacques Chirac, The Memoir, Volume 2, The Presidential Time

A journey of a thousand miles always begins with the first step. Before Jacques Chirac, few presidents of the French Republic would have taken as many steps as he did to strengthen the relationship between France and China and to promote people-to-people exchanges along the way.

Of course, we can all remember the fundamental and visionary step taken by General de Gaulle on January 27th, 1964 to officially recognize the People's Republic of China, thus making France, a permanent member of the United Nations Security Council, the first major Western country to establish diplomatic relations at the ambassadorial level with the PRC. President Giscard d'Estaing who had a strong understanding of the Chinese culture and was convinced of the importance of China, injected new impetus into the development of China-France relations. For instance, he inaugurated the French Consulate General in Shanghai in 1980, which blazed a new path for deep cooperation in the fields of economy, science and academy that have profoundly united two countries since 1980.

President Chirac clearly followed this tradition and philosophy. As a statesman, he was strongly convinced of the present and future role of a rising power. In the context of a multipolar world, he understood how important the Sino-French relationship was in meeting the increasingly severe global challenges that he rightly prioritized. His commitment towards saving the planet was ahead of his time. One cannot forget his speech in Johannesburg when he stated: "Our house is burning, and we are looking somewhere else!" He hoped to prevent and control major pandemics, and to preserve humanity's collective well-being, its health. With the emergence of Ebola and the novel coronavirus, his concern is still relevant. His defense of multilateralism within the framework of the United Nations, where both France and China are the permanent members to the UN Security Council, is in the service of building a peaceful and prosperous world order, something that is still relevant today.

Of course, it never stopped him from defending French interests. Undoubtedly, it is partly owed to his efforts that there are so many Airbus aircrafts flying in China. As former Prime Minister Jean-Pierre Raffarin recalls in his enlightening and stimulating book on Sino-French relations[1], President Chirac always spoke frankly to his interlocutors. The Memoirs of Jacques Chirac [2]10recounts his meetings from with Deng Xiaoping in 1975, Jiang Zemin and Hu Jintao. These conversations were always frank, covering various subjects, even the most sensitive ones.

This is because Jacques Chirac spoke like a friend. He had an authentic passion for China, for the genius of its people, who not only gave the world so many great artists, craftsmen, and inventors, but also contributed so much to the history of mankind. On a fundamental basis, I believe that he was deeply convinced that no gap between human beings was insurmountable if one tried to understand the other without being deceived by myths, and if one respected the

---

[1] *China, the Great Paradox*, Michel Lafon, 2019

[2] *The Memoirs, Nil Edition, T1, Every Step Should Be a Goal*, 2009; T2, *The Presidential Time*, 2011

other with humility and sincerity. For him, cultural diversity, dialogue between civilizations,and the equal dignity were not empty words. On the contrary, these principles were part of his deeply held convictions and were a corollary to the universality of human rights. That is, without any doubt, the reason why he has done so much to promote the cultural exchanges between the two countries, or what we call people-to-people exchanges today, which serve as an indispensable foundation of solid bilateral relations.

At the turn of the 21st Century, and during Jacques Chirac's tenure as President of the Republic, I joined the Ministry of Foreign Affairs. President Chirac's principles and life choices were of great importance and have influenced my career.

Indeed, although I didn't have the privilege of becoming one of his direct collaborators, like all the diplomats of my generation, I was deeply impressed by his effort in defending of the United Nation's multilateralism, and opposing to military adventurism in Iraq. Unfortunately, the world is still paying the price of ignoring international laws, and relying on brute force, especially when it comes to addressing terrorism. A few years later, I worked on what was considered a demanding dialogue in the prevention of a major crisis and a way to maintain world peace, as part of the negotiations between Iran and five permanent members of UN Security Council and Germany (P5+1), to restrict Iran's nuclear program.

I was able to experience Jacques Chirac's vision of our relations with China at two particularly important personal moments.

The first took place in 2003 and 2004. My duties led me to participate in the organization of French - Chinese Cultural Year on the French side. This initiative was launched by President Chirac and President Hu Jintao to great success. For the Year of China in France, more than 400 events and activities allowed nearly

2 million visitors to discover the diversity of the Chinese culture, including both the traditional culture and contemporary artworks. China, a country that the French people knew very little about, has displayed its dynamism and vitality. what I remember deeply was the official launch event for the exhibition, "Take a Closer Look at China", which took place on October 6th, 2003 in Palais de la Porte Dorée, and focused on everyday life in China. I also remembered those important moments that touched the hearts of the French people, such as Chinese New Year's parade on the Champs-Elysees, the Eiffel Tower lit up in red, and fireworks illuminating the Palace of Versailles at the closing ceremony. I remembered the major contemporary art exhibitions which included the Retrospective Exhibition of Chen Zhen at the Palais de Tokyo, of Zhao Wuji at the Galerie nationale du Jeu de Paume, and also, the exhibition of "So China" at the Pompidou Center that gave an overview of the multiplicity of the contemporary art. I especially remember the Book Fair in March 2004 that invited the Chinese writers. Being voracious readers, the French people considered reading to be an inalienable human right.

At that time, I could not imagine that 15 years later I would become the Consul General of France in Shanghai and would be able to experience the second moment by concretely promoting cultural and people-to-people exchanges between these two countries. In fact, our bilateral relationship wouldn't continue into the future if young people, scholars and artists, did not meet, did not talk and did not understand each other. This was the reason why, in the field of education, building a second campus of the EuroCampus was a crucial question. The new campus would combine French and German school in Shanghai, providing a place where new generations could forge stronger bilateral connections with China. With curiosity towards Chinese culture, young French and German students could speak Chinese and prepare for partnerships with their Chinese counterparts. This is a Chance for our three countries! In the field of higher education, developing international student mobility programs and encouraging academic exchanges have remained a constant priority, because closed ties can only be forged through mutual understanding. I will always remember the beautiful cooperation with EMLyon, L'ESSCA and Sciences-Po, thanks to the talented and dynamic Director of Sciences-Po, Frédéric Mion. The major partners on the Chinese side were Tongji University and East China Normal University, and I would like to pay tribute to the successive Presidents who have been in favor of strengthening bilateral relationships. In the field of culture, I was proud of being able to help the Centre Pompidou and the West Bund to set up a new center for cultural and artistic exchanges between France and China. The French President Emmanuel Macron inaugurated the Centre Pompidou West Bund Museum on May 5th, November 2019, during his very successful state visit. But above all, I was also amazed that I could present the Order of Arts and Letters to Bi Feiyu whom I discovered at the Paris Book Fair in August 2017. There was a mysterious and profound connection. The spirt of Franco-Chinese cultural year that lasts though out the years, ignores distances in order to overcome differences, will guide our actions.

Since the end of Jacques Chirac's presidency, the world has profoundly changed. Bilateral challenges are arguably even more difficult to resolve, and the global dangers are even greater. This is why Jacques Chirac's teachings of sincerity, mutual respect, dialogue, determination and vision are more relevant than ever. His legacy continues to enrich us and his message continues to enlighten us.

Axel Cruau

French Diplomat, General Consul of France in Shanghai from 2015 to 2019

雅克·希拉克与中国：这个人，这个政治家

1998年夏天，当我加入爱丽舍宫的外交团队时，在办公桌上发现了一份备忘录，描述了我在共和国总统的内阁中所要负责的事务。清单列出的一长串职责中，"与中国的关系"被希拉克总统用红笔圈出。从那天起，我便清楚地知道我的首要关切是什么，又有哪些文件将会是总统过目最为仔细的。

接下来的数年，我的想法在日常工作中得到了证实。

总统对中国文明的热爱，留下了数不清的回忆。受篇幅限制，我无法一一详述。

他年轻时常去吉美博物馆，在巴黎，这家博物馆集中体现了他的这种热情。他无时不刻不支持该博物馆的发展，且在丰富博物馆藏品方面付出良多。法国大型企业的负责人都害怕总统来电话提醒他们留意某件罕见的商代青铜或是唐代陶俑，因为这些东西超出了吉美博物馆的正常预算，所以就需要特别赞助。他们知道接下来要做些什么……

这种热情也体现在他对接待中国客人行程细节的悉心关注上。令我记忆犹新的是江泽民主席访问了他的私人府邸碧缇城堡，各大媒体纷纷报道。

希拉克总统希望在客人到来之前检查每一项行程安排，从而使客人

们既能感受到法兰西共和国的礼遇，又能感受到无与伦比的热情款待。媒体对这次访问进行了广泛报道，但从未得到透露的可能是希拉克总统与其夫人在碧缇城堡的私人餐厅中举行晚宴接待的特殊情形。

我们一席共十人围坐，总统和主席无所不谈。忽然电路跳闸了，可能是旧的电路装置上临时设备负荷过重的缘故。

很长一段时间，我们在科雷兹山深处的这座老房子里，沉浸在昏暗的烛光之中。在这种有点超现实意味的亲密气氛中，希拉克总统可能比其他任何一位外国领导人都更有毅力，继续与江泽民主席探讨其他议题。与价值评判或冠冕堂皇的声明无关，他这样做是为了让人明白：中国在国际舞台上崛起成为世界强国不可避免，但同时必须进行必要而深刻的变革。

每位领导人都对其国事决策保有最高权力。但我敢肯定，不论是江泽民主席还是他的继任者胡锦涛主席，都总是认真听取希拉克总统的分析，因为他们知道这些分析不带有任何评判，也没有任何敌意。

这也再次提醒了我们要分清主次。媒体总爱报道希拉克总统对中国文化的热爱，比如他如何精通中国历史，如何喜欢在周日早晨参观巴黎的书法展或中国画展，如何与赵无极、程抱一等法国杰出华裔交好。

但重点并不在此。其实在大众眼中，希拉克总统向对话者表现出来的和善及非凡的同理心，有时会使他人性的光辉掩盖了他作为政治家的那一面。

然而，如果在今天谈论雅克·希拉克与中国，应该纪念的却正是他作为政治家的活动。撇开个人喜好不谈，希拉克总统以战略眼光来看待中国在世界上的地位，这是他政策的主心骨。有一次，在访问中国内地的行程结束后，在香港举行了一次新闻发布会。会上，他描绘了历史的钟摆的缓慢运动如何使"中华帝国"经历了治乱兴衰的交替。如今，钟摆正移向更加富饶的、对世界更加开放的方向。世界应该欢迎中国，并非出于善意或者单纯，而在于这是历史发展的方向。

我已记不清有多少次听他说到，中国将在21世纪成为引领世界的大国。在他眼中，这个过程中包含着双重的挑战：一是如何防止中国的崛起引发中美两极对峙，带上令人忧虑的冷战色彩；二是如何构建全新的、和平的国际秩序，使中国在其中实现崛起。

我们当然希望中国推动改革和民主发展，但并不意味着要通过遏制或排斥中国来实现这一点。恰恰相反，总统认为世界必将走向多极化，而中国势必成为重要的一极——这样的论断在今天不足为奇，但却一度让盎格鲁-撒克逊国家的领导人们悻悻不已。正是出于这种认识，他希望建立更为深厚、政治性更强的欧中关系，以便更好地构建他所呼吁的多极世界。在这种欧中关系中，法国外交界必须继续发挥推动作用，就像1964年那样。

这样的立场，法国外交界在所有重大的国际场合都必须坚持。于是我们先于其他国家建立了中法（法中）战略对话机制。该机制的建立不仅使我有幸成为2003年的法方代表，还使中法两国得以讨论安全和国防问题。本着同样的精神，我们在杭州举行的双边峰会上启动了法中两国互办文化年活动。埃菲尔铁塔换上了红装，标志着活动的巨大成功。这一创举自此被许多国家所模仿。

世界上最著名的大道为了别的国家而封闭，这是绝无仅有的一次。①巴黎的警察总部提出强烈的保留意见，就差没有明确表示拒绝了：因为传统上香榭丽舍大街只有7月14日国庆阅兵时才封闭。中国方面的要求能否实现，将由警察部门开会来决定。会议的前一天，我问总统是否会运用他的特权来使警察部门同意此事。他响亮地回答："我会的。"于是，成千上万的巴黎人得以观赏了这次游行，这一幕也留在了所有人的记忆中。

尽管路径已经清楚地划定，但雅克·希拉克所指出的挑战仍然存在，尚未获得有效的解决。希拉克关于中国的思想，成为了宝贵的遗产，仍然富有生命力。正如他在许多其他领域所提出的正确的预见一样，他对于中国的预见也终有一天会成为现实，即使他长眠已久。对此我深信不疑。

蒂埃里·达纳

雅克·希拉克总统中国问题前顾问（1998—2002年），首任中法战略
对话法方牵头人（2003—2005年）

---

① 2004 年，在法国举办的中国年活动中，法国巴黎香榭丽舍大街举行了盛装游行。

Jacques Chirac et la Chine: l'homme et l'homme d'État

A l'été 1998, lorsque j'ai rejoint l'équipe diplomatique de l'Élysée, j'ai trouvé sur mon bureau la petite note décrivant au président de la République les attributions qui seraient les miennes au sein de son cabinet. La mention « Relations avec la Chine » avait été entourée au feutre rouge par le président Chirac, au sein d'une liste qui comprenait de nombreuses autres attributions. De ce jour, j'ai su quelles devaient être mes priorités et quels seraient les dossiers que le président scruterait avec le plus d'attention.

Au fil des années qui allaient suivre, j'ai pu le vérifier au quotidien.

Les limites de cet article ne suffiraient pas à relater les innombrables souvenirs qui attestent l'attachement personnel, quasiment passionnel, du président à l'égard de la civilisation chinoise.

Le Musée Guimet, qu'il avait fréquenté assidûment dans sa jeunesse, était le point focal de cette passion à Paris. Il en a été un soutien de tous les moments et l'enrichissement des collections du musée lui doit beaucoup. Les chefs de grandes entreprises françaises redoutaient le coup de fil présidentiel qui allait les alerter sur l'intérêt de tels bronze Shang ou terre cuite Tang exceptionnels, que le Musée Guimet ne pourrait pas acquérir sur son budget ordinaire, mais qui requerrait un mécénat particulier. Ils savaient ce qui leur restait à faire…

C'était aussi l'attention minutieuse qu'il portait aux détails des programmes de ses hôtes chinois. Je garde en particulier en souvenir le séjour tant médiatisé du président Jiang Zemin dans sa résidence privée de Bity.

Le président Chirac avait souhaité passer en revue chaque moment du programme avant l'arrivée de ses hôtes, pour que ceux-ci se sentent accueillis à la fois avec les honneurs de la République et avec la chaleur humaine d'une relation à nulle autre pareil. Cette visite a été amplement couverte par la presse, mais ce qui n'a probablement jamais été révélé, ce sont les circonstances extraordinaires du dîner offert par le président et Madame Chirac dans leur salle à manger personnelle du manoir de Bity.

Nous étions dix autour de la table et la discussion s'engageait entre les deux présidents sur tous les sujets, lorsque soudain les plombs ont sauté, probablement trop sollicités par les appareils supplémentaires greffés sur une installation électrique ancienne.

Pendant un long moment nous fûmes plongés dans une pénombre aux lueurs de bougies, dans cette vieille demeure au fin fond de la Corrèze. Dans ce climat d'intimité un peu surréaliste, le président Chirac a pu, probablement avec plus d'insistance qu'aucun autre dirigeant étranger, continuer d'aborder avec son homologue chinois la question des droits de l'homme et du Tibet. Il ne s'agissait pas de porter jugement ou de faire des déclarations pour la galerie. Il s'agissait de faire comprendre que l'émergence inéluctable de la Chine comme puissance mondiale sur la scène internationale devait nécessairement s'accompagner de réformes en profondeur.

Chacun gardait la souveraineté de ses décisions nationales, mais je suis persuadé que le président Jiang comme son successeur Hu Jintao ont toujours écouté avec attention les analyses du président Chirac, car ils savaient qu'elles ne portaient aucune once de jugement ou d'hostilité.

Ceci aussi, pour rappeler que l'anecdote ne doit pas cacher le principal. La presse a toujours aimé se faire l'écho de l'amour du président Chirac pour la culture chinoise, pour son histoire qu'il maîtrisait parfaitement, son plaisir les dimanches matin d'aller visiter les expositions de calligraphies ou de peintures chinoises présentées à Paris, ou encore son amitié pour quelques grandes personnalités françaises d'origine chinoise tels Zao Wou Ki ou François Cheng.

Mais l'essentiel est ailleurs, car la bonhommie et l'extraordinaire empathie dont le président Chirac savait faire preuve à l'égard de ses interlocuteurs ont parfois conduit l'homme à faire de l'ombre à l'homme d'État aux yeux du grand public.

Or si l'on évoque aujourd'hui Jacques Chirac et la Chine, c'est son action comme homme d'État que l'on doit commémorer. Au-delà de ses goûts personnels, le président Chirac avait une vision stratégique de la place de la Chine dans le monde, qui fut la colonne vertébrale de sa politique. Lors d'une conférence de presse à Hong Kong S.A.R., à l'issue d'une visite en Chine continentale, il avait décrit le lent mouvement du balancier de l'histoire qui avait fait alterner les périodes d'austérité et de détente dans l'empire du Milieu. Le balancier portait désormais la Chine dans le sens d'une plus grande opulence, d'une plus grande ouverture au monde et celui-ci devait l'accueillir, non par complaisance ou par naïveté, mais parce que c'était le sens de l'histoire.

Combien de fois ne l'ai-je entendu déclarer que la Chine serait la première puissance du monde au cours du 21e siècle. A ses yeux, e défi était double: il fallait éviter que cette émergence ne débouche sur une nouvelle bipolarité Pékin-Washington aux relents inquiétants de guerre froide; il fallait que cette émergence s'accomplisse dans la paix d'un nouvel ordre international.

Certes, nous appelons la Chine à aller vers plus de démocratie et de réformes, mais ce n'était pas en cherchant de manière vaine à la contenir ou à l'ostraciser que l'on pourrait y parvenir. Bien au contraire. D'où sa vision d'un monde multipolaire dont la Chine serait un pôle majeur, vision aujourd'hui devenue évidente, mais qui faisait grincer des dents à l'époque dans les chancelleries anglo-saxonnes. D'où sa vision aussi d'une relation euro-chinoise approfondie et plus politique pour mieux structurer ce monde multipolaire qu'il appelait de ses vœux, relation euro-chinoise dans laquelle la diplomatie française devait jouer un rôle moteur comme elle l'avait fait en 1964.

C'est la parole que la diplomatie française portait dans toutes les grandes rencontres internationales. C'est ainsi qu'avant d'autres, nous avons établi un dialogue stratégique franco-chinois pour lequel j'ai eu l'honneur d'être le premier représentant français en 2003 et au sein duquel pouvaient être abordées les questions de sécurité et de défense. Dans le même esprit, nous avons lancé, lors du Sommet bilatéral de Hangzhou, les Années croisées France-Chine qui ont été un immense succès illustré par l'illumination symbolique de la Tour Eiffel en rouge, depuis imitée par de nombreux pays.

Pour la première et la dernière fois que l'avenue la plus connue du monde a été fermée à la circulation au profit d'un pays étranger. La préfecture de police a émis de fortes réserves, pour ne pas aller jusqu'à un explicit refus, et cela à juste titre: les Champs-Élysées ne se ferment que pour la parade militaire le 14 juillet, une tradition de la Fête nationale française. Le sort final de cette demande chinoise sera décidé lors d'une réunion convoquée par le département de la police. La veille de la réunion, j'ai demandé à Monsieur le Président s'il pouvait utiliser son privilège pour obtenir le consentement de la police. Sa réponse était un « oui » retentissant. Des milliers de Parisiens ont pu assister à ce défilé grâce à cela, et cette belle expérience reste toujours dans leur mémoire.

La voie a été tracée et les défis identifiés par Jacques Chirac demeurent, ils n'ont pas encore été relevés. L'héritage de la pensée chiraquienne sur la Chine est encore bien vivant et je ne doute pas que, dans ce domaine comme dans de nombreux autres où il avait vu juste de manière prémonitoire, l'histoire confirmera la pertinence de sa vision, longtemps après sa disparition.

Thierry Dana

Ancien conseiller du président Jacques Chirac pour la Chine (1998-2002) et premier responsable français pour le dialogue franco-chinois (2003-2005)

Jacques Chirac and China: The Man and the Statesman

In the summer of 1998, when I joined the diplomatic team at the Élysée Palace, I found a memo on my desk describing my responsibilities within the President of the Republic's cabinet. "Relations with China" was circled in red marker by President Chirac in the long list of responsibilities. From that day on, I knew what my priorities would be and which files the President would examine most carefully.

In the following years, my ideas were proved in my daily work.

The length of this article would not suffice to recount the countless memories which attested to the President's personal and passionate attachment to the Chinese civilization.

The Guimet Museum which he had visited frequently in his youth was the focal point of this passion of his in Paris. He has supported it at all times and made great efforts for the enrichment of the museum's collections. The heads of large French companies were even[1] afraid of calls from the President asking them to keep an eye on some rarely seen bronzewares from Shang Dynasty, or tomb figures from Tang Dynasty, which could go over the budget and need extra[2] sponsorship. They knew the next step…

This passion also shows in that he paid meticulous attention to the itinerary details of his Chinese guests. I particularly remember President Jiang Zemin's much-publicized stay in President Chirac's private residence in the Château de Bity.

President Chirac wished to review every item on the agenda before the arrival of his guests so that they would be received with great courtesy of the French Republic and an incomparable warm reception. This visit was widely covered by the media,[3] but the special condition happened during the dinner hosted by the President and Madame Chirac in their personal dining room at the Château de Bity was most likely never revealed.

There were ten of us around the table, and President Chirac and President Jiang Zemin had a free and open conversation. However, there was an abrupt power cut, probably because the old circuits were too overloaded by additional temporary devices.

For a long time, we were immersed in the dim candlelight, in this old house that was situated deep in the mountain area of the Corrèze region. In this somewhat surreal and intimate atmosphere, President Chirac was able, probably with more insistence than any other foreign leader, to continue the discussion of other issues with his Chinese counterpart. It was not about value judgments or making high-sounding statements; it was about making people understand that the inevitable emergence of China as a world power on the international stage must be accompanied by necessary, far-reaching reforms.

Every country's leader has supreme power in terms of national affairs, but I am sure that President Jiang, like his successor Hu Jintao, always carefully listen to President Chirac's analysis, because they knew that he was neither judgmental nor hostile.

This was also to remind us that we should distinguish our priorities. The press has always liked to report on President Chirac's passion for Chinese culture, his perfect mastery of Chinese history, his pleasure on Sunday mornings visiting the exhibitions of calligraphy or Chinese paintings presented in Paris, or his amity with some great French personalities of Chinese descent, such as Zao Wou-Ki or François Cheng.

But this misses the point. In the eyes of the general public, his humanity, such as his good nature and the extraordinary empathy that President Chirac showed to his interlocutors, have at times led people to neglect another side of him, the statesman.

Nevertheless, if we are talking about Jacques Chirac and China, it is his role as a statesman that we must commemorate. Beyond his predilections for the country, President Chirac had a strategic vision of China's place in the world, which was the backbone of his policy. At a press conference in Hong Kong S.A.R. after his visit to China's Mainland, he described that the pendulum of the history of the Chinese Empire was swinging between periods of tension and détente. The pendulum, at that time, was swinging towards being wealthier and more open to the world. The world should welcome China, not out of kindness or naivety, but because it was the direction of history.

How many times did I hear him declare that China will be the world's leading power in the 21st century? In his eyes, there was a dual challenge: preventing this emergence from leading to a new Beijing-Washington bipolarity with the worrying hints of a new cold war and accomplishing this emergence under the new and peaceful international order.

Of course, we called for a further democratic and reforming China, but it was not by vainly seeking to contain or ostracize China. On the contrary, his vision of a multipolar world in which China would be a major pole, a vision that has now become evident, made leaders of Anglo-Saxon countries cringe at that time.

Therefore, he hoped to establish a deeper and more politicized Euro-Chinese relationship to better structure the multipolar world that he called for, in which French diplomacy had to play a leading role, as it had in 1964.

This is the position that French diplomacy took in all the major international affairs. This is how we established a Franco-Chinese Strategic Strategic Dialogue Mechanism ahead of other countries, thanks to which I was made the first French representative in 2003 and the security and defense issues could be discussed between the two countries[4]. In the same spirit, at the bilateral Hangzhou Summit, we launched the Franco-Chinese cross-cultural years, which were a huge success that was embodied by the symbolic illumination of the Eiffel Tower in red and imitated by many countries since then.

For the first and last, the world's most famous avenue was closed for a foreign country. The police headquarters naturally had strong reservations and was only one step away from giving an explicit rejection: traditionally, the Champs Elysée is only closed on July 14th for the military parade in celebration of the French National Day. The outcome of the request from the Chinese side would be determined at a meeting of the police department. The day before the meeting, I asked the President if he could use his privileges to persuade the police department. His answer was a resounding "yes". Tens of thousands of Parisians were consequently able to watch the parade, and this beautiful moment remained in the memories of all.

The way was mapped out, but the challenges identified by Jacques Chirac remain and have not yet been effectively combated. The legacy of Chirac's thoughts concerning China is still very much alive and I have no doubt that, in this area as in many others where he had been right in a premonitory way, history will confirm the relevance of his vision, long after his long sleep.

Thierry Dana

Former Adviser to President Jacques Chirac for China (1998-2002) and first

French lead for the Franco-Chinese dialogue (2003-2005)

一位法国领导人的中国文化情结

    2019年9月26日法国前总统希拉克逝世了。中国国家副主席王岐山于9月28日前往法国驻华使馆吊唁，并表示希拉克总统为促进东西方文明交流互鉴、维护多边主义作出了突出贡献，是中国人民的老朋友，是中法关系的一面旗帜。

    希拉克是法国政坛上一棵常青树，年轻时就投身政治运动并脱颖而出，成为青年戴高乐派的领军人物。他日后两度出任政府总理，两度当选法国总统。1975年他辞去总理职位，当选巴黎市长，在这一位置上"蛰伏"了18年，直至当选总统。我就是在巴黎市政府的一次活动中结识了希拉克市长。我曾任《光明日报》常驻巴黎记者。他当选总统后，不时接受中国记者采访，使我们加深了对他东方情结的了解。

    希拉克很重感情，又很喜欢东方文化。每次与他谈话，几乎都能不时地勾起他对东方文化的留恋与记忆。他在读中学时，就对东方文化非常爱好。每每一有空，就要跑到专门陈列东方文物的巴黎吉美博物馆泡上一天，细细观察和品味各种东方文物。他喜欢日本文化，也喜欢中国文化。后来，他发现了中国古代诗词中的美感与意境，喜欢上了李白与杜甫，晚上入睡前，还会拿起法文版的杜甫诗集翻上几页，吟诵几首。1978年希拉克第一次访问西安时参观了秦始皇陵兵马俑坑，将其称为

"世界第八大奇迹"。他的这番话被法国媒体报道后，迅速流行起来，兵马俑作为世界第八大奇迹开始在世界文化市场上声名鹊起。

当选法国总统后，希拉克曾4次访问中国，每次都认真参观访问博物馆，仔细研究中国的文物。他能详细地列举中国古代不同朝代文物的特点，能与中国的青铜器专家探讨不同时期青铜器的特点，甚至还能纠正中国人对中国历史年代或朝代皇帝数量的错误说法。他对中国古代文物知识之渊博，使那些跟他探讨过中国古代文物问题的专家和他开玩笑说，您退休后，到中国来当文物鉴定专家算了。

正因为希拉克对东方文明有这样的深刻理解，所以才对中国这样的不同于西方文明的国家有更加独特的见解。他一直主张，不同文明、不同社会制度的国家之间，需要有更多的交流与沟通，加强互相理解，而不可强迫别国接受自己的理念。希拉克在任期间，美国曾多次在联合国人权委员会上对中国提出非难，并企图拉拢一些欧盟成员国支持美国提案。希拉克对此在欧盟提出，欧盟国家对中国的人权状况必须有一个统一的立场，我们主张对话，而不主张对抗。

希拉克在国际舞台上始终坚持戴高乐主义主张的独立自主外交，对一切恃强凌弱的行为都加以反对。2003年，当美国政府企图在联合国安理会上通过武装干预伊拉克的提案时，希拉克果断让法国代表投了否决票，并联合时任德国总理施罗德及其他欧盟国家在安理会中坚决反对。希拉克的立场让布什政府大为光火，美国国会餐厅里把传统的炸薯条的英文名字从"法国薯条"改成了"自由薯条"，以示对法国的强烈不满。然而，希拉克不为所动，并向媒体回答，法国的决定是为了美国好，为了美国的形象和美国的利益不再受损。后来，美国学者的研究证明，美国打耗资亿万美元的伊拉克战争，除去颠覆了中东局势的原有平衡，催生了"伊斯兰国"这个极端主义组织的怪物外，并没有解决任何问题，人们终于不得不为希拉克当年的远见所折服。

希拉克的逝去，再一次引起了法国民众对戴高乐主义的回忆，但愿这种纪念能唤起法国民众和法国政府自主自强的信心，重新在国际舞台上彰显法国独立外交政策的标识。

丁一凡

国务院发展研究中心世界发展研究所原副所长

L'attachement d'un leader
français à la culture chinoise

L'ancien président français Jacques Chirac s'est éteint le 26 septembre. Le vice-président chinois Wang Qishan s'est rendu à l'ambassade de France en Chine pour la commémoration et a déclaré que le président Chirac avait apporté une contribution exceptionnelle aux échanges entre l'Est et l'Ouest et à la promotion du multilatéralisme. Il a été un vieil ami du peuple chinois et un leader des relations sino-françaises.

Jacques Chirac a été une grande figure de la politique française. Il a entamé sa vie politique dès sa jeunesse, devenant le représentant des jeunes gaullistes. Il a été deux fois Premier ministre et a été élu président de la France à deux reprises. En 1975, il a démissionné de son poste de Premier ministre et a été élu maire de Paris, un poste qu'il a tenu pendant 18 ans, jusqu'à ce qu'il soit élu président. C'était à la Mairie de Paris où j'ai rencontré Jacques Chirac pour la première fois, car j'étais journaliste résident du *Guangming Daily* à Paris. Plus tard, en tant que président de la République, il a souvent été interviewé par des journalistes chinois, ce qui a approfondi notre compréhension de son attachement oriental.

Le président était très affectueux et passionné de la culture orientale. Nos conversations le rendaient souvent nostalgique de la culture orientale. Lycéen au collège Carnot, il était déjà très intéressé par la culture orientale. Dès qu'il avait du temps libre, il passait des jours entiers au Musée Guimet de Paris dédié à l'exposition du patrimoine culturel oriental, pour contempler les diverses reliques culturelles. Il aimait la culture japonaise et la culture chinoise. Plus tard, il a découvert la beauté et la conception artistique de la poésie chinoise ancienne et est tombé amoureux des poètes Li Bai et Du Fu. Avant de se coucher, il aimait feuilleter le recueil des poèmes de Du Fu traduits en français et en réciter quelques lignes. Lors de sa première visite en 1978, il a visité la fosse de l'Armée de terre cuite de l'Empereur Qin Shihuang, et s'exclama que c'était la « huitième merveille du monde ». Après avoir été rapportée par les médias français, son exclamation est rapidement devenue populaire et l'Armée de terre cuite a été reconnue en tant que huitième merveille sur le marché culturel mondial.

Après avoir été élu président de la France, Chirac s'est rendu en Chine à quatre reprises. Il insistait à inclure la visite du musée dans son programme et en profitait pour étudier attentivement les reliques culturelles chinoises. Il pouvait énumérer en détail les caractéristiques des reliques de différentes dynasties, discuter avec des experts sur les caractéristiques des bronzes chinois de différentes époques, voire corriger certaines fausses affirmations des Chinois sur la chronologie chinoise ou sur le nombre d'empereurs d'une dynastie. Sa profonde connaissance du patrimoine culturel chinois a incité ceux qui ont discuté avec lui à plaisanter : « *Après la retraite, vous devriez venir en Chine en tant qu'expert en identification de reliques culturelles.* »

C'est en raison d'une compréhension profonde de la civilisation orientale que Jacques Chirac a une vision plus originale d'un pays différent de la civilisation occidentale, un pays comme la Chine. Il a toujours défendu le fait qu'entre des civilisations différentes et des pays à systèmes sociaux différents, il faut plus d'échanges et de communication pour une meilleure compréhension mutuelle, mais qu'il n'était pas question de forcer d'autres pays à accepter leurs propres idoles. Durant son mandat, les États-Unis ont défié la Chine à plusieurs reprises au sein de la Commission des droits de l'homme des Nations Unies et tenté de convaincre certains États membres de l'UE de soutenir la proposition américaine. Jacques Chirac a proposé au sein de l'UE qu'ils devaient défendre une position commune sur l'état des droits de l'homme en Chine: celle du dialogue au lieu de la confrontation.

Sur la scène internationale, Jacques Chirac a toujours promu la diplomatie gaulliste d'indépendance et d'autonomie et s'est opposé à toutes sortes d'hégémonie. En 2003, lorsque le gouvernement américain a tenté de proposer une intervention militaire en Irak au Conseil de sécurité de l'ONU, Jacques Chirac a ordonné sans hésitation le représentant français d'exercer le droit de veto et a invité Gerhard Schröder, chancelier allemand de l'époque, et les autres pays de l'UE de s'y opposer fermement au Conseil de sécurité. La position de Jacques Chirac a irrité le gouvernement de George W. Bush, et pour exprimer leur « fort mécontentement », les « French Fries » (« frites traditionnelles françaises ») ont été renommées en « Free Fries » dans le restaurant du Congrès américain. Cependant, Jacques Chirac n'a pas été impressionné et a répondu à l'interrogation des médias que la décision française n'était que pour le bien des États-Unis, afin de défendre leur image et leurs intérêts. Plus tard, des études menées par des chercheurs américains ont prouvé que les États-Unis avaient investi plusieurs milliards de dollars pour mener une guerre iraquienne, qui n'a conduit qu'à détruire l'équilibre du Moyen-Orient, donner naissance à l'« État islamique », organisation monstrueuse d'extrémistes, et échouer à résoudre le moindre problème. Finalement, le monde a été convaincu de la clairvoyance de Jacques Chirac à l'époque.

Le décès de Jacques Chirac a une fois de plus réveillé la mémoire du gaullisme en France. J'espère que ces commémorations suscitent la confiance du peuple français et du gouvernement français dans leur indépendance et réaffirment l'identité française d'une diplomatie indépendante sur la scène internationale.

Ding Yifan

Ancien vice directeur de l'Institut pour le développement mondial du Centre de

recherches sur le développement du Conseil d'Etat

The Attachment of a French Leader to Chinese Culture

Former French President Jacques Chirac passed away on September 26. Chinese Vice President Wang Qishan visited the French Embassy in China for the commemoration of Chirac's life and said that President Chirac made outstanding contributions to East-West exchanges and the promotion of multilateralism. He has been an old friend of the Chinese people and a banner of Sino-French relations.

Jacques Chirac was the "evergreen tree" of French politics. When he was young, he committed himself to politics and became the representative of the Young Gaullists. He was twice elected as both Prime Minister and President of France. In 1975, he resigned his post as prime minister and was elected mayor of Paris, a post he "hibernated" for 18 years, until he was elected president. After becoming the president of the Republic, as President of the Republic, he was often interviewed by Chinese journalists, which only deepened our understanding of his attachment to the East.

The President put sentiment at a high value and had a strong passion for Asiatic culture. Our conversations often made him nostalgic for Asian culture. He was already interested in the culture of China and the wider East Asian region culture. Whenever he had free time, he would spend entire days at the Guimet Museum in Paris dedicated to the exhibition of East Asia's cultural heritage, a place to reflect upon the various cultural relics. He was fond of Japanese culture as well as

Chinese culture. Later, he discovered the beauty and artistic conception of ancient Chinese poetry and fell in love with the poetry of Li Bai and Du Fu. Before going to bed, he liked to go through French translations of Du Fu's poems and recite a few lines. On his first visit to China in 1978, he went to see the Terracotta Army and exclaimed that it was the "eighth wonder of the world". After being reported by the French media, his exclamation quickly gained popularity and the Terracotta Army gained a growing prominence in the world's cultural market as the "eighth wonder".

After being elected President of France, Chirac visited China four times. He insisted on including museum visits in his planned routes and took the opportunity to carefully study Chinese cultural relics. He could describe in fine detail the characteristics of relics from different dynasties, discuss with experts the characteristics of Chinese bronzes from different eras, and even correct some false claims made by the Chinese about Chinese chronology or the number of emperors in a dynasty. His profound knowledge of Chinese cultural heritage prompted those who spoke with him to joke: "After you retire, you should come to China as an expert in identifying cultural relics."

It is because of the deep understanding of Eastern civilization that Jacques Chirac had a more original vision of a country different from Western civilization, a country like China. He has always defended the principle of open exchange and communication between different countries, civilizations, and social systems, in order to increase mutual understanding and curtail the forced projection of one country's values onto another. During his tenure, the United States repeatedly challenged China in the United Nations Commission on Human Rights and tried to convince some EU member states to support the U.S.'s proposal. Jacques Chirac has proposed within the EU that they should defend a common position on the state of human rights in China, one of dialogue and not one of confrontation.

In the international arena, Jacques Chirac has always promoted the Gaullist diplomacy of independence and autonomy, and he also opposed all forms of bullying. In 2003, when the U.S. government attempted to propose military intervention in Iraq to the UN Security Council, Jacques Chirac, without hesitation, ordered the French representative to exercise the right of veto and invited Gerhard Schroeder, the German Chancellor at the time, and other EU countries to strongly oppose the motion in the Council. Jacques Chirac's position angered the government of George W. Bush, and, to express their "strong dissatisfaction", "French Fries" were renamed "Freedom Fries" in the restaurant of the American Congress. However, Jacques Chirac was not impressed and responded to media questioning that the French decision was only for the good of the United States, in order to try to repair their image and safeguard their interests. Afterward, studies by American researchers proved that the United States spent several billion dollars to wage war in Iraq, which did not solve any problems but only resulted in destroying the balance of power in the Middle East and fostering the rise of the "Islamic State", a monstrous organization of extremists. The world was finally convinced of the visionary foresight of Jacques Chirac during his time.

The pass of Jacques Chirac once again awakened the memory of Gaullism in France. I hope that these commemorations would arouse the confidence of the French people and the French government in their independence and reaffirm the French identity of independent diplomacy in the international arena.

Ding Yifan
Former Deputy Director of the Institute of World Development, Development Research Center of the State Council (DRC)

希拉克的多极化外交思想

　　当今世界，国际力量对比朝着更加均衡的方向发展，虽然美国保持着一超地位，但包括中国、俄罗斯、印度、巴西等新兴经济体呈现出不断发展的势头，在国际事务中的作用增大，世界多极化趋势日益明显。然而在20世纪90年代初，随着苏联解体、冷战结束，国际格局正面临着重大变化，西方很多人认为新的单极世界正在走来，多极化外交理念并未被广泛认可。希拉克先生作为当时法国的总统、著名的国际战略家审时度势，提出并不断完善多极化外交理念，提升了法国和欧洲的国际影响力。

　　面对冷战结束后美国霸权野心膨胀，中、俄、欧、日等国独立性增强，新兴国家相继崛起的局面，希拉克大胆地提出"美国搞单极世界绝不能得逞""明天的世界将是多极世界"等重要论断。在长达12年的总统任期内（1995—2007年），希拉克无数次在国内外重要场合阐释其多极化外交理念。今天看来，其话语和思想并未湮没于历史尘埃之中，反而历久弥新，愈发铿锵。

　　"建立21世纪国际体系的首要任务是推动多极化的发展，保证我们的子孙能够生活在一个和平、繁荣以及更公正和

更可控的世界之中。"（1999年11月4日，希拉克在法国国际关系研究所发表演讲）

"推进、建设多极世界本身就是一个进步，因为这是向更平衡、更可接受的权力再分配方向发展，可避免一些国家在制定与其未来有关的重要决策中被边缘化。"（2003年7月8日，希拉克在"戴高乐生平展"开幕式发表演讲）

"世界新秩序应该建立在多边主义和国际法基础上，而非建立在强权逻辑之上。在强权逻辑统治下的世界必然变得动荡不安，冲突不断。（……）无论欧洲，还是美国，或者其他国家，都不能单独应对当今世界面临的挑战，应该在改革和加强联合国职能的基础上，加强多极化趋势，建立一个更加合理公正的国际秩序。（……）只有承认多极化，承认世界各国互相依赖，我们才能建立一个更加公正、更加合理的国际新秩序。"（2004年11月18日，希拉克在英国国际战略研究所发表演讲）

应该说，法国的多极化外交思想萌芽于戴高乐时代，希拉克则结合时代需求，对戴高乐主义进行了充分继承和创造性发展。二战之后，戴高乐认识到"两极体系是不稳定的""美苏对抗牺牲了欧洲乃至世界其他国家的利益"，因而提出了著名的"第三种势力"构想，希望借助欧洲整体力量对抗美苏强权，突出法国独立自主的大国地位。

在整个冷战期间，戴高乐领导下的法国对美国、苏联保持了微妙的政策平衡：一方面，法国作为西方阵营的重要成员对苏联扩张势力口诛笔伐，但又积极倡导法苏战略同盟以平衡美国霸权。另一方面，法国以独立自主西方大国的姿态反对美国控制，坚决退出北约军事一体化，不顾美国反对承认中华人民共和国，发表著名的"金边演说"谴责美国对越南的侵略，但也绝非与美决裂。因而，无论美国还是苏联，都对法国"爱恨交加"，但又不得不争取法国更多走向国际战略天平靠近自己的那一端。法国也因此在国际舞台确立了"力量平衡者"的独特地位。

希拉克对世界多极化的战略构想有两大核心内容，一是要建立民主、和谐、平衡、可控的多极世界，摆脱冷战后美国独霸世界的局面；美、欧、日、中、俄这世界五大力量形成既相互合作又相互牵制的网络，共同管理世界；每个大国在其所在地区发挥主导作用，其他大国起辅助作用，把各种不安定因素消除在萌芽状态。二是以"一个载体""三个平衡"（即以欧盟为载体，维持大国平衡，推动国际与地区组织平衡）的框架来完善多极化战略布局，打造世界新的力量平衡，抵制美国单边主义。

为践行自己的多极化理念，建设和推动多极世界，希拉克带领法国以上述原则为指针，同时从法国实际出发，完善多极化战略布局。

首先，推动欧洲一体化建设，促其成为多极世界中的"重量级"。为此，希拉克积极支持欧盟东扩、深化欧盟体制改革、推出欧盟单一货币、制定欧盟宪法并推动欧盟共同外交与安全政策。希拉克清楚，为实现建设"强大欧洲"的目标，必须依赖法德轴心。因此，接任总统翌日，希拉克便匆匆赶到法德边境的斯特拉斯堡和时任德国总理科尔会晤，打消有关法德关系的种种顾虑和担忧。自此，法德两国首脑坚持每六周会晤一次，随时沟通，消除误解，为推动欧洲建设制定和发表共同文件。

希拉克在任期间先后经历了科尔、施罗德、默克尔三位德国总理，与这三位德国领导人均保持了密切的合作关系。在法德轴心的良好运作下，欧洲一体化在希拉克时代实现了跨越式发展，欧盟也在世界上拥有了更多话语权和影响力。

其次，完善全球三个平衡关系，遏制美国单极霸权。希拉克曾公开表明立场，"世界是大家的，不能由一国说了算"，应建立"国际政治民主"。具体来说，一是主张明确联合国的核心地位。他提出不仅要改革联合国安理会，增加常任理事国，还要设立"经济安理会"，达成"新布雷顿森林体系"，推动建立国际经济、金融新秩序等主张。

二是在大国间搞平衡。希拉克深谙戴高乐平衡外交精髓，游走于各方力量之间。与美国建立平等对话关系，通过多边合作削弱美国的单边主义。2003年，希拉克旗帜鲜明地公开反对美国对伊拉克开战，因而被誉为"法兰西的和平战士"，赢得了广泛的民意支持和国际威望。与俄罗斯建立"优先伙伴关系"，强调俄罗斯是一个可进行长期全面合作的强大和稳定的伙伴，并就热点问题与之进行及时磋商和协调行动。与日本的联盟关系也有了重大发展。在任总统时期，希拉克多次访华，先后推动中法建立全面伙伴关系和全面战略伙伴关系，缔造了中法关系的"黄金十年"，使两国政治、经济、文化、军事、教育等各领域合作空前紧密。早在2002年，希拉克就曾公开表示，"在未来的多极世界中，中国将占据世界第一的位置"。

三是完善世界多边协调机制，稳固多极化基础。希拉克认为，"宣传全球民主，抵制单边主义企图，在各大地区性组织间建立协调和平衡的关系，这既不是梦想，也不是乌托邦，而是为应对当前世界挑战而制定的一致性政治计划。"为此，他推动欧亚建立战略联盟，推动欧洲和拉美实现区域合作，促进欧非建立"长期战略伙伴关系"。此外，在希拉克看来，各国文明的多样性是世界多极化的重要基础，是抵制世界文化"美国化"倾向的重要一环。在2001年联合国教科文组织大会上，希拉克正式提出了"文化多样性"的概念，认为"多样性是建立在确信每个民族都可以有自己独特的声音，每个民族能够以它自己的魅力和真理充实人类的财富"。

回首历史，展望未来。希拉克开创的"多极世界"理论和"文明对话"外交模式维护了法国的大国地位，扩展了法国的外交战略空间，其继任者萨科齐、奥朗德和马克龙，无一不从希拉克的多极外交思想中汲取了灵感，带领法国在国际舞台上纵横捭阖，积极推动世界多极化发展。与此同时，希拉克的多极外交理念更为世界发展模式的多元化、文化发展的多样性提供了不竭动力，为各国共享全球化发展机遇、共迎时代挑战、打造人类命运共同体创造了契机，在国际关系史上具有不可替代的重要意义。

冯仲平

中国社会科学院欧洲研究所所长

La pensée chiraquienne de la diplomatie multipolaire

Dans le monde d'aujourd'hui, le contraste des puissances internationales évolue vers un meilleur équilibre. Bien que les États-Unis conservent leur position supérieure, les économies émergentes incluant la Chine, la Russie, l'Inde, le Brésil… affichent une dynamique croissante et jouent un rôle plus important dans les affaires internationales, la tendance d'un monde multipolaire s'avère de plus en plus évidente. Cependant, au début des années 90, avec l'effondrement de l'Union soviétique et la fin de la guerre froide, le paysage international est confronté à des changements majeurs. De nombreuses personnes en Occident croyaient qu'un nouveau monde unipolaire allait arriver, et le concept de la diplomatie multipolaire n'était pas largement accepté. En tant que président français de l'époque et stratège international bien connu, Monsieur Chirac a mis en avant et constamment amélioré le concept de diplomatie multipolaire, qui a renforcé l'influence internationale de la France et de l'Europe.

Face à l'expansion de l'hégémonie américaine après la guerre froide, à l'indépendance croissante de la Chine, de la Russie, de l'Europe, du Japon et d'autres pays, et à l'essor successif des pays émergents, Jacques Chirac a hardiment avancé des thèses importantes telles que « les États-Unis ne doivent pas réussir à construire un monde unipolaire », « le monde de l'avenir sera un monde multipolaire », etc. Durant son mandat présidentiel de 12 ans (1995-2007), Jacques Chirac a décrit ses idées sur la diplomatie multipolaire à de nombreuses reprises lors des rencontres importantes nationales et internationales. Aujourd'hui encore, loin d'être effacées sous la poussière de l'histoire, ses propos et ses pensées sont d'une grande actualité et résonnent de plus en plus largement.

« *Mieux organiser le système international au XXIe siècle, c'est d'abord progresser vers un monde multipolaire [...] pour permettre à nos enfants de vivre dans un monde en paix, dans un monde prospère, mais aussi dans un monde plus juste et mieux maîtrisé.* » (Discours de M. Jacques Chirac, Président de la République, à l'occasion du XXe anniversaire de l'Institut français des relations internationales.)

« *Le monde contemporain a une ardente obligation: donner à chaque peuple sa place et sa chance, élaborer une démocratie planétaire, un ordre international fondé sur le droit, le dialogue et le respect mutuel, bâtir une solidarité pour relever collectivement les défis que la mondialisation lui lance. En ce XXIème siècle, le monde doit être multipolaire et se trouver un équilibre qui ne laisse personne au bord du chemin, en marge des décisions et des mouvements qui dessinent l'avenir.* » (Message de M. Jacques Chirac, Président de la République, lors de l'Inauguration de l'exposition sur le général de Gaulle à Moscou le 8 juillet 2003)

« *Il est certes toujours possible d'organiser le monde selon une logique de puissance. Mais l'expérience nous enseigne que ce type d'organisation est par définition instable et mène, tôt ou tard, à la crise ou à l'affrontement. Un autre choix s'offre à nous. Celui d'un ordre fondé sur le respect de la règle internationale et la responsabilisation des nouveaux pôles du monde, par leur association pleine et entière aux mécanismes de prise de décision. Seule cette voie est susceptible de fonder, dans le long terme, un ordre stable, légitime et accepté. [...] L'avenir dépend de notre volonté de relever ensemble les défis communs. Des défis que ni l'Europe ni les États-Unis, ni aucun autre acteur international, n'a aujourd'hui les moyens de résoudre seul. [...] C'est pourquoi nous devons travailler ensemble au renouveau du multilatéralisme. Un multilatéralisme qui doit s'appuyer sur une Organisation des Nations Unies rénovée et renforcée. [...] C'est en reconnaissant la réalité nouvelle d'un monde multipolaire et interdépendant que nous parviendrons à bâtir un ordre international qui soit plus juste et plus sûr.* » (Discours de M. Jacques Chirac, Président de la République devant l'International Institute for Strategic Studies à Londres le jeudi 18 novembre 2004.)

Il faudrait nous rappeler que les pensées diplomatiques multipolaires de la France ont germé à l'époque de Charles de Gaulle, tandis que Jacques Chirac a puisé pleinement dans l'héritage gaulliste et l'a développé de manière créative à la lumière des besoins de son époque. Après la Seconde Guerre mondiale, Charles de Gaulle s'est rendu compte que « le système bipolaire est instable » et que « la confrontation américano-soviétique a dû sacrifier les intérêts de l'Europe et d'autres pays du monde ». Il a donc mis en avant le fameux concept de « Troisième Force », espérant réunir la force de l'Europe pour lutter contre les puissances soviéto-américaines et renforcer le positionnement de la France en tant que puissance indépendante.

Tout au long de la guerre froide, la France, sous la direction de Charles de Gaulle, a pu maintenir un équilibre politique délicat envers les États-Unis et l'Union soviétique. D'une part, en tant que membre important du camp occidental, la France s'est prononcée inlassablement contre les forces d'expansion soviétiques, tout en plaidant activement en faveur de l'alliance stratégique franco-soviétique pour contrebalancer l'hégémonie américaine. D'autre part, à titre de grand pays occidental indépendant, la France s'est opposée au contrôle américain en refusant catégoriquement l'intégration militaire de l'OTAN, a reconnu la République populaire de Chine malgré l'opposition américaine, et a critiqué l'envahissement du Vietnam par les Américains avec le célèbre « discours de Phnom Penh » sans pour autant chercher une rupture totale avec les États-Unis. De telles manières, que ce soit les États-Unis ou l'Union soviétique, nul ne pouvait considérer la France comme un simple « ami ou ennemi », et devait se battre pour qu'elle se positionne de leur côté de la balance stratégique internationale. La France s'est ainsi imposée une position unique de « balanceur du pouvoir » sur la scène internationale.

La vision stratégique de Jacques Chirac d'un monde multipolaire est dotée de deux axes : le premier consiste à établir un monde multipolaire démocratique, harmonieux, équilibré et contrôlable, et à éviter l'hégémonie américaine de l'après-guerre froide ; les États-Unis, l'Europe, le Japon, la Chine et la Russie, ces cinq principales forces dans le monde forment un réseau de coopération et de contrepoids pour gérer conjointement la planète ; chaque pôle joue un rôle de premier plan dans sa région, avec le soutien des autres grandes puissances, afin d'éliminer les divers facteurs de conflits à leurs premiers balbutiements. Le second correspond à achever la disposition stratégique de multipolarité dans le cadre d' « un porteur » et « trois équilibres », (l'Union européenne en tant que porteur pour maintenir l'équilibre entre les grandes puissances et promouvoir l'équilibre entre les organisations internationales et régionales) afin de créer un nouvel équilibre des pouvoirs dans le monde et résister à l'hégémonie unipolaire des États-Unis.

Tout en mettant en pratique sa propre conception de construire et promouvoir un monde multipolaire, Jacques Chirac a conduit la France à poursuivre les principes susmentionnés, afin de perfectionner la disposition stratégique de la multipolarité mondiale à partir des besoins du pays.

Avant tout, il s'agit de l'intégration de l'Union européenne pour qu'elle devienne un « poids lourd » dans un monde multipolaire. À cette fin, Jacques Chirac a activement soutenu l'expansion de l'UE vers l'Europe de l'Est, l'approfondissement des réformes institutionnelles, le lancement de la monnaie unique, l'établissement de la Constitution européenne, et la promotion d'une diplomatie et d'une sécurité commune. Jacques Chirac savait que pour atteindre l'objectif de construire une « Europe puissante », il fallait s'appuyer sur l'axe de la France et de l'Allemagne. Par conséquent, le lendemain de l'élection, Jacques Chirac s'est précipité à Strasbourg, ville proche de la frontière franco-allemande, pour rencontrer le chancelier allemand Kohl afin de dissiper toutes les préoccupations et inquiétudes concernant les relations franco-allemandes. Depuis lors, les chefs d'État français et allemand ont maintenu une communication constante et une rencontre toutes les six semaines, pour éliminer tout malentendu, formuler et publier des documents communs pour la promotion de l'Europe. Au cours de son mandat, Jacques Chirac a connu trois chanceliers allemands, Kerr, Schröder et Merkel, et a établi des relations de coopération étroites avec ces trois dirigeants allemands. Sous le bon fonctionnement de l'axe franco-allemand, l'intégration européenne a réalisé un développement rebondissant à l'époque chiraquienne, tandis que l'Union européenne a gagné plus de droit de parole et d'influence dans le monde.

Ensuite, il fallait atteindre l'équilibre mondial dans trois axes afin de lutter contre l'hégémonie unipolaire américaine. Jacques Chirac a déclaré publiquement sa position selon laquelle « le monde appartient à tous et ne peut être dominé par un seul pays », et qu'il fallait instaurer une politique de « démocratie internationale ». Plus précisément, le premier axe consiste à clarifier et défendre la position centrale des Nations Unies. Il a préconisé non la réforme du Conseil de sécurité des Nations Unies et l'augmentation du nombre de membres permanents, mais la création d'un « Conseil de sécurité économique » pour parvenir à un « nouveau système de Bretton Woods » et constituer un nouvel ordre économique et financier international.

Le second est de trouver un équilibre entre les grandes puissances. Connaissant parfaitement l'essence de la diplomatie gaulliste de l'équilibre mondial, Jacques

Chirac savait naviguer entre les forces diverses. Il a instauré un système de dialogue équitable avec les États-Unis et affaibli l'unilatéralisme américain par la coopération multilatérale. En 2003, il s'est publiquement opposé à la guerre des États-Unis contre l'Irak, ce qui lui a permis d'obtenir un large soutien et une réputation internationale de « combattant français de la paix ». Il a établi un « partenariat prioritaire » avec la Russie, en soulignant que cette dernière est un partenaire solide et stable avec qui une coopération globale à long terme était envisageable, et a mené des discussions en temps opportun et coordonné les actions en cas de problèmes brûlants. L'alliance franco-japonaise a également connu un développement majeur. Durant son mandat, Jacques Chirac s'est rendu officiellement en Chine à plusieurs reprises et a initié l'établissement d'un partenariat global et d'un partenariat stratégique global entre nos deux pays. Il a ainsi instauré la « décennie d'or » des relations bilatérales où la coopération sino-française dans les domaines politique, économique, culturel, militaire et éducatif s'est développée sans précédent. Dès 2002, il a signalé publiquement que « dans le futur monde multipolaire, la Chine occupera la première place ».

Le troisième correspond à améliorer le mécanisme de coordination multilatéral du monde et de stabiliser les fondements de la multipolarité. Chirac estime que « *ce n'est ni un rêve ni une utopie de propager la démocratie mondiale, de résister aux tentatives unilatérales et d'établir des relations coordonnées et équilibrées entre les principales organisations régionales, mais un plan politique cohérent pour répondre aux défis globaux actuels.* » À cette fin, il a encouragé la création d'une alliance stratégique entre l'Europe et l'Asie, la coopération régionale entre l'Europe et l'Amérique latine et la mise en place d'un « partenariat stratégique à long terme » entre l'Europe et l'Afrique. De plus, il pensait que la diversité des civilisations est la base importante d'un monde multipolaire, et une partie importante de la résistance à l'américanisation de la culture mondiale. Lors de la Conférence générale de l'UNESCO en 2001, il a officiellement présenté le concept de la « diversité culturelle », estimant que « *la diversité est fondée sur la conviction que chaque peuple peut avoir sa propre voix et que chaque peuple peut enrichir l'héritage humain par son propre charme et sa propre valeur.* »

Évoquer le passé pour mieux percevoir l'avenir. Pionnier de la théorie du «monde multipolaire » et du modèle diplomatique du « dialogue des cultures », Jacques Chirac a pu préserver le statut d'une gande puissance pour la France et élargir son espace stratégique diplomatique. Ses successeurs Nicolas Sarkozy, François Hollande et Emmanuel Macron ont tous puisé dans les pensées chiraquiennes de la diplomatie multipolaire pour conduire la France sur la scène internationale et promouvoir activement le développement de la multipolarité dans le monde. Dans le même temps, le concept chiraquien de diplomatie multipolaire a donné une impulsion inépuisable à la diversification des modèles de développement et au développement de la diversité culturelle, a permis aux pays de partager les opportunités de la mondialisation, de relever les défis de l'époque et de créer une communauté commune pour l'humanité. Ses pensées représenteront une importance irremplaçable dans l'histoire des relations internationales.

Feng Zhongping

Directeur de l'Institut d'études européennes de l'Académie chinoise des sciences sociales

Jacques Chirac's Thought on Multi-polar Diplomacy

Today international forces are moving forward in a more balanced way. Although the United States maintains its leading position, emerging economies such as China, Russia, India, and Brazil have witnessed constant development and are playing an increasingly important role in international affairs, making multi-polarization an escalating tendency. Nevertheless, in the early 1990s, with the collapse of the Soviet Union and the end of the Cold War, the international landscape witnessed great changes. Many Westerners believed that a new unipolar world was on its way, while the notion of multi-polar diplomacy had not been widely recognized. As French president at that time and a world-renowned strategist, President Chirac, taking stock of the global situation, put forward the concept of multi-polar diplomacy and kept improving it, which enhanced France and Europe's international influence.

Faced with the situation where the world witnessed America's increasing ambition for hegemony, the enhanced independence of China, Russia, Europe, Japan, and other countries' successive rise, Chirac boldly put forward his conclusions that "the United States will never succeed in building a unipolar world" and "Tomorrow's world will be a multi-polar one". During his 12-year presidency (1995-2007), Chirac has repeatedly expounded the concept of multi-polar diplomacy on both domestic and international important occasions. His words and thoughts have not vanished into oblivion, but instead are increasingly sonorous with everlasting charms today.

"The priority of building the 21st-century international system is to promote multi-polarization, ensuring a peaceful, prosperous, more equitable and controlled world for the future generation."
(Chirac's speech at the French Institute for International Relations, 4 Nov. 1999)

"Promoting and building a multi-polar world is a progress in itself, as it marks the development towards a more balanced and acceptable redistribution of power that can save some countries from being marginalized in important decision making concerning their future."
(Chirac's speech at the Opening Ceremony of "Life of General Charles de Gaulle" Exhibition, 8 Jul. 2003)

"The new world order should be based on multilateralism and international law, not on the logic of power politics which will lead the world to inevitable turbulence and constant conflicts. (...) Neither Europe, the United States, nor any other individual countries alone can deal with the challenges of the world today. It is necessary to strengthen the trend of multi-polarization and establish a new international order on the basis of reforming and strengthening the functions of the United Nations. (...) Only by recognizing multi- polarization and mutual dependence of all nations in the world can we establish a new international order that is more equitable and reasonable." (Chirac's speech at the International Institute for Strategic Studies, 18 Nov. 2004)

Multi-polar diplomacy in France appeared during Charles de Gaulle's time. Chirac inherited and creatively developed Gaullism in accordance with the needs of the times. After World War II, De Gaulle realized that "the bipolar system is unstable" and that "the confrontation between the United States and the Soviet

Union was at the expense of the interests of Europe and the rest of the world". Thus, he put forward another proposition, known as "the Third Force", hoping to enhance Europe's overall power against the United States and the Soviet Union and to strengthen France's status as an independent major power.

Throughout the Cold War, France, under the leadership of Charles de Gaulle, maintained a delicate balance in its policies regarding relations with the United States and the Soviet Union. On the one hand, as an important member of the West, France was against the expansion of the Soviet Union, while actively advocating for a French-Soviet strategic alliance in order to counterweigh American hegemony. On the other hand, as a major Western country with full independence, France was opposed to America's control and resolutely quit NATO's military wing. France also recognized the independence of the People's Republic of China regardless of America's opposition, and delivered the famous Phnom Penh Speech, condemning the American invasion of Vietnam. However, this was by no means a rupture in relations with the U.S. As a result, the United States and the Soviet Union held an ambivalent attitude toward France, whereas both had to fight for France's support to gain a competitive edge. Since then, France has uniquely positioned itself as an equalizer on the international stage.

Chirac's strategic vision of multi-polarization consists of two central topics. The first is to build a democratic, harmonious, balanced, and controllable multi-polar world, so as to break loose from the post-Cold War situation where the United States took the dominating position. The five major poles, namely the United States, Europe, Japan, China, and Russia, should jointly form a network of global governance. In this network, where there should be cooperation and mutual restriction, each major power should play a leading role in the region where it is located, with other powers assisting to eliminate potential destabilizing factors before they appear. The second is the framework composed of "one carrier" and "three balances", namely the European Union as a carrier to maintain the balance between major powers and to promote the balance between international and regional organizations. This framework is used to further improve the strategic blueprint of multi-polarization by creating a new balance of powers and resisting America's unilateralism.

To put the concept of multi-polarization into practice and to realize a multi-polar world, Chirac led France to improve its strategic layout, following the above-mentioned principles and fundamental realities of France.

Firstly, European integration was promoted and Europe was developed to become a "strong polar" in a multi-polar world. To this end, Chirac offered active support to the EU's eastward enlargement, deepened system reforms, promoted a single currency for the EU, formulated the constitution of the EU, and pushed forward its common foreign and security policies. He was clearly aware of the fact that the Franco-German axis was indispensable to "a strong Europe". Therefore, the day after his presidential inauguration, Chirac did not wait to visit Strasbourg, a city that sits right on the border of France and Germany, where he met with German Chancellor Kohl to dispel his concerns and worries in regard to French-German relations. Since then, the heads of both countries have adhered to convening a meeting every six weeks, in which they could conveniently communicate, eliminate misunderstandings, and formulate and issue joint documents so as to promote the construction of Europe. During Chirac's tenure, he kept close cooperation with three German Chancellors including Kohl, Schroeder, and Merkel. The well-functioning Franco-German axis in the Chirac's time facilitated the leapfrog development of European integration, and the EU has, consequently, gained a stronger voice and influence across the globe.

Secondly, three balances were improved and achieved for the sake of resisting American unipolar hegemony. Chirac publicly claimed that "this is everybody's world and one country cannot speak for all" and that "international democracy" is supposed to be created multilaterally. More specifically, the first thing is to clarify the core position of the United Nations. Chirac proposed that, with the exception of reforming the United Nations Security Council and increasing its permanent members, an Economic Security Council and a new Bretton Woods system were also needed so as to promote the establishment of a new order for the international economy and finance.

The second thing is to strike a balance among big countries. Chirac was well versed in De Gaulle's balanced-diplomatic strategy and moved composedly among all forces and parties. An equal dialogue with the United States was developed and American unilateralism was weakened through multilateral cooperation. In 2003, Chirac took a clear-cut stand to defiantly oppose the U.S. invasion of Iraq and was therefore known as the "French warrior of peace", winning him broad public support and an international reputation. Chirac established a policy that prioritized Franco-Russian cooperation, emphasizing that Russia was a strong and stable partner with whom France could develop comprehensive cooperative relations in the long term, and simultaneously, initiated timely discussions and coordinated actions with Russia on hot-button issues. France's alliance relationship with Japan also saw significant development. During his presidency, Chirac paid numerous visits to China and successively promoted the establishment of a comprehensive relationship and comprehensive strategic partnership respectively between China and France, creating the "Golden Decade" of Sino-French relations, in which cooperation of the two countries in politics, economy, culture, military, and education was unprecedentedly close. As early as 2002, Chirac publicly stated that "...In the future multi-polar world, China will stand in the first place."

Thirdly, the world's multilateral coordination mechanism was constructed to stabilize the foundation for multi-polarization. Chirac believed that "It is neither a dream nor a utopia to promote global democracy, to resist unilateralist attempts, and to establish a coordinated and balanced relationship among major regional organizations. Instead, it is a consistent political plan to meet the challenges of today's world. "For this purpose, he propelled the establishment of a strategic alliance between Europe and Asia, the regional cooperation between Europe and Latin America, as well as the foundation of a long-term strategic partnership between Europe and Africa. Additionally, Chirac considered cultural diversity as the important foundation for a multi-polar world and a crucial part of resisting the "Americanization" of the world's culture. At the UNESCO Conference in 2001, Chirac formally put forward the concept of "cultural diversity", believing that "diversity is based on the belief that each nation can have its own unique voice, and that each nation can use its own charm and truth to enrich the wealth of mankind."

From the past to the future, Chirac's theory of the multi-polar world and his diplomatic model of "dialogue of civilizations" helped maintain France's status as a major power and expanded the strategic space for the country's diplomacy. Chirac's successors, including Sarkozy, Hollande, and Macron, have all been inspired by his thoughts on multi-polar diplomacy, leading France to play an active role on the international stage and to positively promote the multi-polar development of the world. Simultaneously, Chirac's thought on multi-polar diplomacy has been an inexhaustible impetus to the diversification of the development models and the diversity of cultural development. Moreover, it has also enabled all countries to share development opportunities, meet contemporary challenges, and create an opportunity to build a community with a shared future for mankind, making it of irreplaceable importance to the history of international relations.

Feng Zhongping

Director of the Institute of European Studies of Chinese Academy of Social

Sciences

雅克·希拉克总统与中国文明：
普世主义、人文主义与博爱精神

"孔明庙前有老柏，柯如青铜根如石。"

——杜甫《古柏行》

在这个时代，"恐华"思想甚嚣尘上，这是很危险的。有些人似乎接受了这样一种观念：文明之间的冲突不可避免，大国之间为独自主宰全球事务而终有一战。而雅克·希拉克对中国的立场却是希望人们看得更加长远，这种立场开辟了更加公正、更具建设性的视角。

首先，中国是文明的重要源头。几千年来，中国的思想、文化和艺术不断丰富了人类的文明。中国对全人类做出了独特的贡献，不仅因为其人口自古以来就占世界的五分之一，更因为那些支撑起它身份的元素是一以贯之的，比如对大一统的执着追求，比如承载、表达独特价值观的中国文字。

此外，古往今来，历史已然表明，如果西方与中国能以总体上非对抗性的方式共存，欧亚大陆两端就能进行富有成效的交流，为彼此的发展起到建设性作用，进而促使双方密切合作，共同应对本世纪全球所面临的巨大挑战。

2010年希拉克在中国出版的《希拉克回忆录》一书，开头三段是很关键的，足以让大家了解这位1995至2007年间两度出任法国总统的人物。这三段文字值得在此引述：

很长时间以来，我的手边一直保留着一份私人资料，记录着生命、地球和宇宙的各个重大发展阶段。无论是在日常生活中，还是在我执掌权力的时候；无论是在爱丽舍宫，还是在国外旅行，这份一直上溯到人类历史源头的纪年表始终不离我左右。如果会议开得拖沓或者陷入毫无意义的争论，我常常会从公文包中取出这份资料，仔细地阅读。

经常阅读这份资料能让我更充分地认识万物的相对性，保持超然，以便更好地理解人或者事。如今，这份文件是我最珍贵的参考资料之一，它帮助我从历史的高度来把握地球所面临的各种挑战，分析各民族及其领袖的心理状态，把握他们的历史传统、生存方式和思维习惯。

少年的我在吉美博物馆发现了亚洲文明的魅力。从那时起，我就对人类历史着了迷。我们从哪里来？又去哪里？我们和那些最古老的民族之间有着怎样的联系？我们的认同、文化、信仰和生活方式是如何形成的？人类这个同其他生命一样或许注定要消亡的物种有着怎样的未来？多年以来，这些疑问一直滋养着我的政治思考，也启发了我对国内、国际问题的看法。若我自问：促使你投身政治四十余年的深层原因究竟为何？最后的结论一定是：一切都源自我的这种浓厚兴趣：对全人类，对每个人的个体特性，对所有人种和民族在我看来无可替代的独特魅力。①

这几行文字让我们得以深入雅克·希拉克的内心世界，引申出至少三个概念来阐明他的思想和行为。

首先，他有一种独特的时间观。政客们常常受到短期视角的束缚，而他更倾向于从长远视角来看待事物。这样的时间观通常应用于天文学、地质学、生物学、史前史或古代文明的研究。有了这样的时间观，才能更好地定义每一个世纪，保存那些恒久的价值。那些宣称要进行彻底变革的政客们，只会看到一个个转瞬即逝的时代，而有了这样的时间观，才不容易目眩神迷。只有从这种独特的角度，才能最大程度地把握人性，才能彰显不同的文明。

理解了这种时间跨度，就不难理解雅克·希拉克何以对中国文明抱有如此浓厚的兴趣。借用戴高乐将军的话，古代中国的文明比人类的历史还要古老，却依然生机勃勃。

正如《希拉克回忆录》的引言中所述，宇宙也占据了这位法国总统的想象。他一下子就将自己置于整个地球的层面，超越了国家的边界，甚至欧洲的边界。正是出于对地球生态平衡的关注，2002年他在南非约翰内斯堡举办的地球峰会上发表了一篇演讲。对于所有自认为是世界公民、视环境保护为重中之重的人来说，这篇演讲成为了他们的参考标准——"我们的家已经火光冲天，但我们却还盯着别处……20世纪已然

---

① 【法国】雅克·希拉克：《希拉克回忆录：步步为赢，1932～1995》，译林出版社2010年11月。

成为一个充满反人类罪行的世纪而被人们铭记。我们要谨防，21世纪对于我们的后代而言，变成一个充满人类危害生命本身之罪行的世纪。"

而且，恰恰是基于他这种"长时期"意识，雅克·希拉克在这篇讲话中又补充道："相对于地球生命的历史，人类的历史才刚刚开始。然而，由于人类的过失，我们的发展已经威胁到自然，因而也威胁到了自身。"

《希拉克回忆录》的引言，是一种三联画式的结构，"人"则是它的第三部分，既指一个整体，又强调它的多样。从这个角度而言，巴黎那所收藏着东方艺术品的博物馆，对于雅克·希拉克思想的形成起到了重要作用。

二战结束后，希拉克还是一名年轻学子，就读于巴黎的卡尔诺高中。他流连于吉美博物馆内，憧憬着远东的风情；而师从弗拉基米尔·贝拉诺维奇学习普希金的语言，则为他穿越广阔的欧亚大陆铺平了道路。在《希拉克回忆录》中，他明确指出："正是在吉美博物馆，我邂逅了亚洲，学会了热爱亚洲，发现了亚洲文明的神奇，领略了亚洲的宏大。相较之下，西方人通常以狭隘的方式看待亚洲文明，在人种志中描述一下，或者提一提它的异域风情。"

雅克·希拉克显然有着丰富的学养，在20世纪60年代经常与安德烈·马尔罗讨论远东美学，同时他又拥有品格的力量，敢于批评这位著有《人的境遇》的获奖作者，说他年轻时干了走私艺术品的勾当。尽管希拉克看不上马尔罗的《假想博物馆》，但还是钦佩这位1965年受戴高乐派遣去拜访毛泽东的人，并且认为他"心存正义与博爱"，这一点在书中也有提及。

在吉美博物馆里的沉思，铸就了希拉克坚定的信念：要去推动文明间的对话。这种对话可以使交流更加丰富，也可以带来新的思维方式。

差异不应被视为误解甚至冲突的根源。相反，差异正是追求人类博爱精神的全部意义所在。

为了回报从吉美博物馆丰富馆藏中所获得的收益，希拉克总统一有能力，便立即向国家、向世界献上了一座神圣的殿堂——于2006年落成的凯布朗利博物馆。该馆致力于展示非洲、亚洲、大洋洲和美洲的艺术与文明。

显然，要追忆雅克·希拉克与中国的关系，必须重温一系列已然载入史册的重大事件。

在第一个总理任期内（1974—1976年），雅克·希拉克曾有机会在巴黎接待时任中国对外贸易部副部长柴树藩，又于次年接待了邓小平的来访。当时，毛泽东仍在关心他手创的新中国的前途。而在法国首都，一位43岁的领导人与一位即将改变历史进程的71岁老人进行了对话。

雅克·希拉克在他的书中坦承："在马提尼翁府（法国总理官邸）两年间的所有会议中，给我印象最深的是与邓小平的那次会晤。"

"我们之间谈得非常顺畅，尤其是当他知道我个人对中国这个古老文明的浓厚兴趣和崇敬之情……与周恩来一样，邓小平深受留法经历的影响。之后他在政治斗争中脱颖而出，为现代中国做出了巨大的贡献。这个中国是和平的，却比以往任何时候都更加开放。"雅克·希拉克继续道。

1978年，时任巴黎市长的雅克·希拉克首次访华。当他访问西安时看到埋葬在地下两千多年的秦始皇兵马俑时，他惊呼："这是世界第八大奇迹！"而此兵马俑在其此行四年前才得以面世。

继而便是众所周知的两届总统任期了。他深谙世界多极化的趋势，1997年，在北京与中国签署确立了全面伙伴关系。这一全球伙伴关系奠定了法中关系的框架，并由继雅克·希拉克之后的三位法国总统尼古拉·萨科齐、弗朗索瓦·奥朗德和埃玛纽埃尔·马克龙不断加强。

两年后，他在故乡科雷兹的碧缇城堡以精致而独特的方式接待了时任中国国家主席江泽民。为了回馈这一友谊和信任，2000年，江泽民在他的家乡——位于运河河畔的扬州安排并接待了希拉克的访问。如此，法国与中国创造了充分条件，以空前密切的合作关系标志着两国进入21世纪。

2003年八国集团G8峰会在埃维昂举办时，胡锦涛主席受主办方法国的邀请，代表中国出席了会议。

2004年是中法建交40周年，胡锦涛主席携夫人刘永清访问法国，埃菲尔铁塔也在此期间亮起红色灯光。在戴高乐将军承认中华人民共和国已有40年后，雅克·希拉克选择追寻唐代诗人杜甫的踪迹前往成都，感受杜甫才华带给他的启迪与激励。

这些里程碑式的成就得益于耐心的外交工作，是两国之间运转良好的行政机制得以持续保持联系的一部分，它们源于反对美国单边主义时的强烈政治冲动——2003年发生了伊拉克战争，但它们也同样表达了两种杰出文化之间未来关系发展的愿景。

正是这一愿景促使法国总统支持通过于1996年发起的亚欧会议（ASEM），深化欧洲与亚洲之间的关系。雅克·希拉克在1995年5月当选后就立即对这一计划予以支持。

然而，这种愿景与《希拉克回忆录》引言中三联画的内容是密不可分的：长远的时间观、对世界平衡的忧虑以及对居住在地球上的人类命运的关怀。

这一愿景清晰地阐明了雅克·希拉克对中国的热情，同时也说明了为什么中国各界理解并赞赏这位法国政治家，因为中国的传统意识和这位欧洲领导人深层关切完全一致。

除了与政治和经济以及在一定程度上与外交活动共存的短期利益、杂音及世事变迁，雅克·希拉克与中国一直都是朝着普世主义与人文主义的原则汇合。

而且，雅克·希拉克只有保持法国的普世主义和人文主义的生命力，才能带领法国与中国保持和谐关系，将两国聚拢在彼此的衔接点上，一端是追求伟大的法国，另一端是追求集中的中国。

1964年戴高乐承认中华人民共和国毫无疑问是这一基本衔接点最完美的象征，普世主义与人文主义是两国双边关系的核心。

如果后辈想充分发掘中法两国关系间独一无二的潜力，他们必须铭记最初的高卢时刻，但也要记住雅克·希拉克与中国之间联系的本质，法国与中国是"伟大"与"集中"的相遇。

雅克·希拉克在审美层面也将中法两国的亲和力提升到了新的高度。在2004年10月对中国的国事访问前，他接受了中国中央电视台的采访，再次让他的声音在审美层面为我们指明通往博爱的道路："中国在所有思想领域都引人瞩目。其古老的青铜器、陶瓷是如此……绘画、诗歌、音乐亦是如此。当我自忖什么是中国文化的完美表现，当我自问人类文化中完美在何处时，我相信完美存在于诗词书法中，而中国书法无疑已经达到了无人能及的高度。"

高山之巅，时间放缓，甚至暂停，不再改变它所触及的一切，将"这里"和"那里"，熟悉的和陌生的，"我"和他人之间的差异全部消融，唯有博爱共通。

高大伟

汉学家，中欧美全球倡议发起人

Le président Jacques Chirac et la civilisation chinoise: universalisme, humanisme et fraternité

Devant le temple dédié à Kongming un vieux cyprès s'élance, ses branches sont vertes comme le bronze, ses racines semblent être de pierre.

Du Fu, *Ballade du vieux cyprès*

Au moment où les expressions de la sinophobie se banalisent dangereusement, où d'aucuns semblent accepter l'idée de l'inéluctabilité d'un conflit entre les civilisations, voire d'une guerre entre des puissances cherchant une domination sans partage sur les affaires du monde, le positionnement de Jacques Chirac à l'égard de la Chine est une invitation à prendre de la hauteur qui ouvre des perspectives à la fois plus justes et plus constructives.

D'abord, la Chine, c'est avant tout une source de civilisation qui a enrichi l'humanité depuis plusieurs millénaires par sa pensée, sa culture et ses arts. Elle l'a enrichie de manière unique grâce à sa démographie qui a composé depuis l'Antiquité un cinquième de la population mondiale, mais aussi par la continuité des éléments qui fondent son identité : une quête toujours recommencée de l'unité et une écriture apte à contenir et à exprimer des valeurs singulières.

Par ailleurs, qu'elles soient anciennes ou bien plus récentes, les réalités historiques montrent que si l'Occident et le monde chinois ont su coexister de manière largement non conflictuelle, que des échanges féconds entre les deux extrémités de l'Eurasie ont été constitutifs de leur développement, ils peuvent aussi entrer en coopération pour répondre ensemble aux grands défis mondiaux de notre siècle.

Les *Mémoires* de Jacques Chirac qui furent publiés en 2009 débutent par trois paragraphes essentiels pour comprendre celui qui fut le président de la République française pendant douze ans de 1995 à 2007. Ils méritent d'être cités:

> « *Je garde à portée de main, depuis longtemps, un document personnel résumant les grandes étapes de l'évolution de la Vie, de la Terre et de l'Univers. Cette fiche chronologique, qui remonte aux sources mêmes de notre histoire collective, ne m'a jamais quitté, que ce soit dans la vie courante ou dans l'exercice du pouvoir, à l'Élysée ou lors de mes déplacements à l'étranger. Il m'est souvent arrivé de l'extraire de ma serviette et de m'y plonger quand une réunion me paraissait traîner en longueur ou se perdre dans des débats inutiles.*
>
> *Le fait de consulter régulièrement un tel document m'a sans doute conforté dans une certaine idée de la relativité des choses, aider à préserver la distance, le recul nécessaire à une meilleure compréhension des hommes et des événements. Celui-ci demeure aujourd'hui une de mes références les plus précieuses pour apprécier, sur la durée, l'importance des enjeux auxquels notre planète est confrontée, et interpréter la psychologie des peuples et de leurs dirigeants à la lumière des traditions, des façons d'être, de vivre et de penser qui l'ont façonnée de longue date.*

Dès mon adolescence, en même temps que je découvrais, au musée Guimet, le génie des civilisations asiatiques, je me suis intéressé à l'histoire de l'Homme [...] Si je m'interroge sur les raisons profondes de mon engagement durant plus de quarante années de vie publique, j'aboutis immanquablement à la conclusion que tout est lié chez moi à cette passion de l'humain, de tout ce qui fait l'originalité de chaque être et le génie singulier, à mes yeux irremplaçable, de chaque race et de chaque nation. »[1]

Ces lignes nous plongent dans l'intériorité de Jacques Chirac et introduisent au moins à trois notions qui éclairent sa pensée et son action.

Il s'agit tout d'abord d'une certaine conception du temps. Non pas le court terme dans lequel l'homme politique est si souvent enfermé, mais le temps long, le temps dont il est question en astronomie, en géologie, en biologie, dans l'étude de la préhistoire ou des civilisations anciennes. Une telle conception permet de mieux fixer les siècles et les permanences qu'ils conservent, tandis qu'elle est moins facilement éblouie par les années qui défilent avec leur promesse de changement radical. C'est de cet angle que la nature humaine est la mieux saisie, et que les civilisations se distinguent.

Avec un tel rapport à la durée, l'on ne s'étonnera guère que Jacques Chirac s'intéressât tout particulièrement à la civilisation chinoise, à la fois très ancienne, plus ancienne que l'histoire pour reprendre les mots du général de Gaulle, mais aussi bien vivante.

---

[1] *Les Mémoires: chaque étape devrait être une cible, 1932 - 1955*, Jacques Chirac, Version chinoise; Yilin Press, Novembre 2011.

Si, comme indiqué par les paragraphes introductifs des *Mémoires*, l'Univers occupait aussi l'imagination du président français, l'espace dans lequel il se plaçait d'emblée, n'était ni le cadre national, ni même le cadre européen, mais bien celui de la planète. C'est cette attention aux grands équilibres de la planète qui le poussa, sans doute, lors du Sommet de la Terre de Johannesburg en 2002, à prononcer un discours qui est devenu depuis une référence pour ceux qui se définissent comme citoyens du monde, et pour qui l'écologie est une priorité absolue: « *Notre maison brûle et nous regardons ailleurs [...] Le 20e siècle restera dans les mémoires comme celui des crimes contre l'humanité. Prenons garde que le 21e siècle ne devienne pas, pour les générations futures, celui d'un crime de l'humanité contre la vie.* »

Et, c'est précisément en s'appuyant sur une conscience du temps long que Jacques Chirac ajouta dans ce même discours: « *Au regard de l'histoire de la vie sur terre, celle de l'humanité commence à peine. Et pourtant, la voici déjà, par la faute de l'Homme, menaçante pour la nature et donc elle-même menacée.* »

L'Homme, c'est le troisième volet du triptyque qui structure l'introduction des *Mémoires*. L'Homme, c'est-à-dire le genre humain, à la fois dans son unité et dans sa diversité. De ce point de vue, c'est un musée parisien mais ouvert sur l'Orient qui a joué un rôle important dans la formation intellectuelle de Jacques Chirac.

Jeune étudiant au lycée Carnot dans le Paris de l'après Seconde Guerre mondiale, il passait au Musée Guimet de longues heures à rêver de l'Extrême-Orient dont son apprentissage de la langue de Pouchkine, avec Vladimir Belanovitch, lui avaient ouvert le chemin au travers du vaste continent eurasiatique. Dans ses *Mémoires*, il précise :« *C'est au musée Guimet que j'ai rencontré et appris à aimer l'Asie, découvert le génie de civilisations majestueuses, mesuré leur grandeur et, par contraste, le carcan, ethnographique ou exotique, dans lequel l'Occident les avait trop souvent enfermées.* »

Il aura fallu à Jacques Chirac une solide érudition pour maintenir avec André Malraux, dans les années 60, un dialogue régulier sur les esthétiques de l'Extrême-Orient, mais aussi de la force de caractère pour qu'il osât reprocher à l'auteur couronné de *La Condition humaine* les trafics d'œuvres d'art dont il s'était livré dans sa jeunesse. Même s'il ne parvenait pas à prendre au sérieux son Musée imaginaire, Chirac admirait celui qui, en 1965, fut envoyé par de Gaulle pour s'entretenir avec Mao Zedong, et à qui il attribuait, comme il le consigne dans ses *Mémoires*, un « sens de la justice et de la fraternité ».

Avec les méditations du Musée Guimet, l'on trouve l'origine de ce que seront des convictions fortes sur la nécessité du dialogue des cultures qui ouvre, d'une part, sur la richesse des interactions entre le même et l'Autre et, d'autre part, sur l'idée que la différence ne peut être réduite à une source de malentendus ou même de conflits, mais qu'elle est bien ce qui donne tout son sens à la quête de fraternité humaine.

C'est sans doute pour rendre un peu de ce que le jeune Jacques a reçu des riches collections du Musée Guimet que, dès qu'il en a eu la capacité, le président Chirac a offert à son pays et au monde la noble institution du quai Branly, musée des arts et civilisations d'Afrique, d'Asie, d'Océanie et des Amériques inauguré en 2006.

Évoquer les relations entre Jacques Chirac et la Chine, c'est bien évidemment faire revivre une chronologie faite d'événements qui appartiennent déjà à l'histoire des relations internationales.

Alors qu'il était Premier ministre (1974-1976), Jacques Chirac eut l'occasion d'accueillir à Paris en 1974 Chai Shufan, vice-ministre du commerce extérieur, et puis surtout, l'année suivante, Deng Xiaoping. Tandis que Mao Zedong veillait toujours au destin de la nouvelle Chine qu'il avait fondée, c'est un dirigeant de

43 ans qui s'entretenait dans la capitale française avec celui qui allait bientôt changer le cours de l'histoire et qui était déjà âgé de 71 ans.

« Parmi les rencontres qui ont jalonné ces deux années passées à Matignon, la plus marquante pour moi a sans doute été celle de Deng Xiaoping. » confie Jacques Chirac dans ses *Mémoires*.

« Entre nous, la communication passe d'autant mieux qu'il sait tout l'intérêt personnel que je porte à la Chine et l'admiration que j'éprouve à l'égard de cette civilisation millénaire [...] Et Deng Xiaoping, profondément marqué, comme Zhou Enlai, par son expérience française, avait su en tirer une source d'inspiration pour ses combats politiques et sa contribution à l'édifice d'une Chine moderne, toujours pacifique et plus que jamais ouverte sur le monde », poursuit Jacques Chirac.

En 1978, ce fut la première visite en Chine de Jacques Chirac qui occupait alors la fonction de maire de Paris. A Xi'an devant les guerriers en terre cuite dont on venait d'exhumer tout juste quatre ans auparavant les visages deux fois millénaire, il s'exclama: *« C'est la 8e merveille du monde! »*

Vinrent alors les séquences bien connues qui jalonnèrent ses deux mandats présidentiels. En 1997 à Pékin, il scella avec la Chine un partenariat global pour un monde défini par la multipolarité. Ce partenariat global sera le cadre dans lequel s'intensifieront les relations franco-chinoises sous les trois présidents français qui succèderont à Jacques Chirac: Nicolas Sarkozy, François Hollande et Emmanuel Macron.

Deux ans après, dans une marque de délicate et singulière attention, il reçut son homologue chinois Jiang Zemin au Château de Bity en Corrèze, la terre de ses ancêtres. Celui-ci retournera ce témoignage d'amitié et de confiance en organisant en 2000 une visite à Yangzhou, la ville qui le vit naître sur les bords du Grand Canal. Ainsi, la France et la Chine avaient su créer les conditions pour qu'une proximité sans précédent marqua leur entrée dans le 21e siècle.

Alors qu'Évian accueillait le G8 en 2003, c'est le président Hu Jintao qui y représenta alors la Chine conviée en tant qu'invité de la présidence française.

2004, l'année du 40e anniversaire de l'établissement des relations diplomatiques entre les deux pays, fut marquée par la venue en France du président chinois et de son épouse Liu Yongqing pour qui la Tour Eiffel s'illumina en rouge. 40 ans après la décision historique du général de Gaulle de reconnaître la République populaire de Chine, Jacques Chirac choisit de se rendre à Chengdu sur les traces du poète de la dynastie Tang, Du Fu, dont le génie n'avait jamais cessé de le nourrir.

Ces étapes furent certes les fruits d'un patient travail diplomatique s'inscrivant dans une certaine continuité des liens entre deux États aux mécaniques administratives bien réglées, elles découlaient d'impulsions politiques fortes lorsqu'il fallait s'opposer à l'unilatéralisme américain – 2003 fut l'année de la guerre en Irak –, mais elles étaient aussi autant d'expressions d'une vision pour les relations entre deux cultures éminentes.

C'est cette vision qui poussa aussi le président français à soutenir l'approfondissement des liens entre l'Europe et l'Asie avec le Asia-Europe Meeting (ASEM), un processus lancé en 1996, mais immédiatement soutenu par Jacques Chirac au lendemain de son élection en mai 1995.

Or, cette vision est inséparable du triptyque présent dans les paragraphes introductifs des *Mémoires*: la prééminence du temps long, le souci des équilibres de la planète et le destin de l'humanité qui l'habite.

Cette vision éclaire la passion chinoise de Jacques Chirac, mais elle explique aussi pourquoi le monde chinois a compris et apprécié l'homme d'État français car la Chine retrouvait dans les préoccupations profondes du responsable européen ses propres atavismes.

Au-delà de la variation des intérêts dans le court terme, du bruit et du spectacle qui sont consubstantiels à la politique, à l'économie et dans une certaine mesure à l'activité diplomatique, ce furent bien vers les principes d'universalisme et d'humanisme que Jacques Chirac et la Chine convergèrent.

Et, c'est dans la mesure où Jacques Chirac sut faire vivre l'universalisme et l'humanisme français qu'il put conduire son pays à maintenir avec la Chine des relations harmonieuses en les situant au point d'articulation entre, d'une part, l'exigence française de grandeur et, d'autre part, la quête chinoise de centralité.

Cette articulation fondamentale, dont la reconnaissance de la République populaire de Chine par Charles de Gaulle en 1964 est sans doute le symbole le plus achevé, constitue le cœur des relations entre les deux pays.

Si elles veulent pleinement réaliser l'unique potentiel qui est celui des relations entre ces deux États, les générations futures auront à se souvenir du moment originel gaullien, mais aussi de la nature du lien entre Jacques Chirac et la Chine, car ils ont tous les deux incarné l'idéal de la rencontre entre la grandeur et la centralité.

Avec Jacques Chirac, toutefois, une dimension esthétique vint aussi élever les affinités franco-chinoises vers de nouveaux sommets. Alors qu'il se préparait à une visite d'État en Chine en octobre 2004, il accorda un entretien à la télévision nationale chinoise. Il faut laisser à nouveau sa voix nous indiquer le chemin toujours à re-parcourir de la fraternité dans l'émotion esthétique:

« *La Chine a brillé dans tous les domaines de la pensée. C'est vrai de ses bronzes archaïques, de ses céramiques. […] C'est vrai dans le domaine de la peinture, de la poésie, de la musique et quand je m'interroge sur la perfection dans la culture chinoise et dans la culture humaine je me demande, où se trouve la perfection? Je crois qu'elle se trouve dans la poésie calligraphiée où, sans aucun doute, la Chine a atteint des sommets qui probablement ne seront jamais atteints.* »

Du haut de ces sommets, le temps ralenti, suspendu même, cesse d'altérer ce qu'il touche, les différences qui séparaient l'ici et l'ailleurs, le familier et l'étranger, le « Je » et l'Autre ont fondu, seule demeure la communion fraternelle des esprits.

David Gosset
Sinologue, Fondateur de l'Initiative Globale Chine-Europe-Amérique

President Jacques Chirac and Chinese Civilization: Universalism, Humanism and Fraternity

In front of Zhuge Liang's temple there is an old cypress; its trunk is like bronze; its roots are like stone.

Du Fu, *Ballad of the Old Cypress*

At a time when Sinophobia is dangerously becoming commonplace, some people seem to accept the idea of the inevitability of a clash between civilizations, or even of a war between powers seeking unilateral domination over the world affairs, while the position of Jacques Chirac with regard to China is an invitation to look far ahead, which opens up perspectives that are more equitable and constructive.

First, China is an important source of civilization that has enriched human civilization for several millennia through its ideology, culture, and arts. China has uniquely contributed to mankind, not only because of its demography which has made up a fifth of the world population since Antiquity, but also the continuity of these elements which are the basis of its identity, including a relentless pursuit of unity, and Chinese characters that contain and express unique values.

In addition, history from all ages has shown that if the West and China can make peace with each other in a general nonantagonistic way, fruitful exchanges between the two ends of Eurasia would be constitutive for mutual development.

It will also make it possible for both sides to engage in close cooperation to jointly combat the global challenges of our century.

The first three essential paragraphs in Jacques Chirac's memoirs which were published in 2009, gave readers an understanding of the man, who served as the President of the French Republic from 1995 to 2007. They are worth quoting here:

> *"I have carried a personal document with me for a long time, summarizing the major stages in the evolution of the Life, Earth, and Universe. This chronology, which can date back to the origin of mankind's collective history, has never left me, in my everyday life when I performed my duties at the Élysée Palace or during my trips abroad. I have often taken it out of my briefcase and immersed myself in it when meetings dragged on or when there were pointless debates.*
>
> *The fact that I regularly check this document has undoubtedly improved my understanding of the relativity of things. It helps me preserve the distance and gain from the necessary hindsight for a better understanding of people and events.Till today, it still is one of my most precious references to the understanding of the importance of addressing the challenges facing our planet in the river of time, and to the interpretation of the mentality, shaped through the history of time, of peoples and their leaders of by comparing traditions and the ways they live and think.*
>
> *From my adolescence, at the same time when I discovered the genius of Asian civilizations at the Guimet Museum, I was drawn to the history of mankind. (...) If I wonder about the deep reasons for my commitment to public life for more than four decades, inevitably, I came to a conclusion that everything that I did is linked with my*

passion for mankind, for the differences in lives on Earth, for each race, and the irreplaceable traits of each nation in my eyes. "①

These words offer us a better view of the inner world of Jacques Chirac and lead to at least three notions that can shed a light on his mind and his actions.

First of all, he has a special theory of time. Instead of the short-term perspective that politicians usually get struck at, he tends to see things from a long-term perspective, a concept of time that is usually applied in fields of astronomy, geology, biology, and the study of prehistory or ancient civilizations. Such a conception makes it possible to better define each century and preserve the enduring values, and it is less easily dazzled by the flying times for politicians who promise thorough reform. Human nature can be best understood, and different civilizations are manifested from this specific angle.

In light of this kind of duration, it is hardly surprising that Jacques Chirac was particularly interested in Chinese civilization. To paraphrase General Charles de Gaulle, ancient Chinese civilization is even older than human history but remains vibrant.

As indicated in the introduction of the memoirs, the Universe also occupied the imagination of the French president. He immediately put himself in the framework of the planet, beyond the limits of national or European boundaries. It was this concern for the ecological balance of the earth that prompted him to deliver a speech at the Earth Summit 2002 in Johannesburg. The speech has since become a benchmark for those who define themselves as citizens of the world, for whom, protecting the environment is an absolute priority:

---

① *The Memoir: Each Step Should Be A Goal, 1932-1995*, Jacques Chirac, Chinese Version; Yilin Press, November 2010.

"Our house is burning down, and we are blind to it. (...) The 20th century will be remembered as that of crimes against humanity.
Let us make sure that the 21st century does not become, for future generations, the century of humanity's crime against life itself."

And, it is precisely based on his awareness of the long term that Jacques Chirac added in this same speech: "With regard to the history of life on earth, that of humanity has barely begun. However, our development has already threatened nature and therefore, threatened itself because of human fault.

Human is the third part of the triptych which structures the introductory paragraphs of the memoirs, taken in its unity and also diversity. From this point of view, a Parisian museum with a collection of oriental art played an important role in the development of Jacques Chirac's thoughts.

After the Second World War, this young student at the Lycée Carnot in Paris spent hours at the Guimet Museum dreaming of the Far East. Learning Pushkin's language from Vladimir Belanovitch paved the way for him to the vast Eurasian continent. In the memoirs, he made it clear that: "It was at the Guimet Museum that I met Asia, learned to love Asia, discovered the genius of its civilizations, and measured its grandeur. By contrast, the Westerners too often regard the Asian civilizations, in a narrow way, as part of ethnography or as just being exotic."

It would have taken Jacques Chirac a solid erudition to maintain with André Malraux, in the 1960s, a regular dialogue on the Far Eastern aesthetics, but also the strength of character so that he dared to criticize the award-winning author of The Human Condition for being into art smuggling in his youth. Even if he could not take The Imaginary Museum seriously, Chirac admired the man that in 1965, was sent by General Charles de Gaulle to visit Mao Zedong, and to whom he attributed, as he noted in his memoirs, "having a sense of justice and fraternity."

The contemplation in the Guimet Museum became the origin of his strong faith in promoting dialogues between civilizations which would increase the richness of exchanges, on the one hand, and adopt a new way of thinking, on the other hand. Differences should not be regarded as the source of misunderstanding or even conflicts. On the contrary, that gives all meaning to embracing fraternity.

As soon as he had the capacity to do so, President Chirac offered his country and the world the noble institution that was founded in 2006, the Quai Branly Museum, in order to pay back what he received from the rich collections of the Guimet Museum. The Quai Branly Museum is dedicated to the arts and civilizations of Africa, Asia, Oceania, and the Americas.

Obviously, to recollect the relations between Jacques Chirac and China, a series of major events that went down in history has to be reviewed.

During his tenure (1974-1976), Jacques Chirac had the opportunity to participate in the meeting with Chai Shufan, Deputy Minister of China Foreign Trade who paid a visit to Paris. And in the following year, he received Deng Xiaoping. Mao Zedong was still caring about the future of the new China he founded. The dialogue in the French capital was between a 43-year-old leader and a 71-year-old man who was soon to change the course of history.

"Among all the meetings that took place in Matignon during these two years, the one with Deng Xiaoping impressed me most." Jacques Chirac confided in his memoirs.

"We had a very smooth conversation, especially when he knew of my deep personal interest in and admiration for this millennial civilization (...)Deng Xiaoping has been significantly influenced by the inspirational experience of studying in France, like Zhou Enlai, he

then stood out from political battles and made a great contribution to modern China, a peaceful China but more open to the world than at any time in history." Jacques Chirac continued to write.

In 1978, it was his first visit to China while Jacques Chirac was being the mayor of Paris. "This is the 8th wonder of the world! " he exclaimed, in front of the terracotta warriors who were buried underground for over 2000 years before they made their debut four years proceeding his visit.

Then there were his two very well-known presidential mandates. He understood the multi-polarization very well. In 1997, he established a global partnership with China in Beijing which then became the framework of Sino-French relations, and was further enhanced by the three following French presidents: Nicolas Sarkozy, François Hollande, and Emmanuel Macron.

Two years later, he received his Chinese counterpart, Jiang Zemin, in a delicate and unique way at the Château de Biti in Corrèze, his hometown. In return for this friendship and trust, Jiang Zemin organized Chirac's visit to his home city, Yangzhou, located on the banks of the Grand Canal. Thus, France and China had managed to create the conditions for unprecedented proximity to mark their entry into the 21st century.

When the G8 summit was held in Evian in 2003, President Hu Jintao who represented China attended the meeting at the invitation of the French presidency.

2004 marked the year of the 40th anniversary of the establishment of diplomatic relations between the two countries. The Chinese President and his wife Liu Yongqing paid a state visit to France, the Eiffel Tower lit up in red on this occasion. 40 years after General Charles de Gaulle's historic decision to recognize the People's Republic of China, Jacques Chirac decided to visit

Chengdu, following in the footsteps of Du Fu, the poet of the Tang dynasty whose genius had never stopped inspiring him.

These milestones were the fruit of patient diplomatic work and a part of a certain continuity of the links between two States with well-working administrative mechanisms. They stemmed from strong political impulses when it was necessary to oppose American unilateralism — 2003 was the year of the Iraq war—but they were also expressions of a vision for the relations between two great cultures.

It was this vision that also prompted the French president to support the deepening of the links between Europe and Asia with the Asia-Europe Meeting (ASEM), an initiative launched in 1996, and which was immediately supported by Jacques Chirac on the day following his election in May 1995.

However, this vision is inseparable from the triptych that was presented in the introductory paragraphs of his memoirs: a long-term perspective, the concern for the equilibria of the planet, and the future of mankind living on the planet.

Not only did this vision shed light on Jacques Chirac's passion for China, but it also explained why the Chinese people understood and appreciated the French statesman. It is because China's traditional concerns and priorities and the ones of this European personality were found to be in perfect accord.

Beyond the variations of the short-term interests, the noises, and the vicissitudes which are consubstantial politics, economy, and to a certain extent with diplomatic activity, Jacques Chirac and China converged towards the principles of universalism and humanism.
And, based on his awareness and capacity to bring French universalism and humanism to life, he was able to lead his country to maintain harmonious relations with China by locating them at a point of connection between France

with China, the intersection of a country striving for greatness, with a country pursuing centrality.

The recognition of the People's Republic of China by Charles de Gaulle in 1964 is the best demonstration of this juncture, Universalism and humanism lie at the heart of the bilateral relations.

Future generations will have to remember the original Gaullian moment, and also the nature of the link between Jacques Chirac and China if they want to fully realize the unique potential between these two states. France and China are the meetings between greatness and centrality.

However, it is through aesthetics that Jacques Chirac elevated Franco-Chinese affinities to a new level. While preparing for a state visit to China in October 2004, he accepted an interview with the Chinese Central Television. We must once again let his voice show us the path to fraternity on the horizon of aesthetics:

> *"China has been in the limelight in all fields of thought. It is true of its bronzes, ceramics(...) It is also true in the fields of painting, poetry, and music. When I wonder about perfection in Chinese culture, and I wonder where is perfection in human culture? I believe it is in calligraphy and poetry where, without a doubt, China has reached a height that probably could not be reached."*

At the top of mountains, time slows and even stops, ceasing to alter what it touches. The differences which once separated "here" and "elsewhere", the familiar and the unfamiliar, the "I" and the other, have melted, and only fraternity remains.

David Gosset

Sinologist, Founder of the China-Europe-America Global Initiative

相互理解的精神

　　我曾和雅克·希拉克共事，这是我莫大的荣幸。我又怎能不提及他在结束波黑战争和科索沃战争中所发挥的决定性作用；又怎能遗忘他为了彰显美法之间的团结，曾经于2001年9月18日到访纽约和华盛顿，是美国遇袭后第一位访美的国家元首；又怎能不敬佩他遵守承诺，坚决反对2003年的伊拉克战争。但是这些伟大事迹都为众人所熟知。因此，我更愿意以希拉克秘密花园中鲜为人知的一隅——他对华夏文明的深知卓识来追忆他。

　　1997年5月，我曾与希拉克总统一同在北京参加国宴。在晚宴开始之前，我建议他在与江泽民主席谈话时，提及一下大批量购入空客的事情，因为这一谈判已经很长时间没有进展了。他对我说："明白了，我会提的。"晚宴结束后，我走向他，问道：

　　"总统先生，空客这事儿怎么样了？"
　　"糟糕，我刚刚没提！"
　　"那你们都聊了些什么呢？"
　　"我们整个晚宴都在谈论唐代伟大诗人李白的生平事迹！我们还背了一些他的诗呢！"

　　"没关系，明天早上我们将在小型会面上交换国礼，那时我们可以提到空客。"

　　第二天一早，希拉克就献上了我们的礼物——那是当初邓小平为应聘法国一家工厂所填写的招聘表的影印版。在20世纪初期，邓小平曾是该工厂的一名学生工。江泽民主席赠予我们的礼物是非常贴合希拉克总统的喜好的：他亲自提笔，写了一首希拉克最喜爱的李白的诗，并以丝绢装裱相赠。直到希拉克总统卸任前的最后一天，这幅作品都还挂在他爱丽舍宫的办公室里。这次访问结束后，中法两国的元首在每一次信件交流时，都会精心挑选一首李白的诗附在信中。此外，中国订购空客的数量远超过了我们的预期！

　　两年之后，也就是1999年10月，希拉克总统和她的夫人贝尔纳黛特提议，希望能够在江泽民主席和他的夫人王冶坪正式访问巴黎之前，在

位于科雷兹的私人府邸碧缇古堡接待他们两天。当时仅有两名外交顾问和两名口译人员受邀参加了这场长达十七小时的谈话。此次谈话氛围极为亲切自由，希拉克总统以一种前所未有的态度向他的客人敞开心扉，畅所欲言，这象征着两国之间的互知互信。

我追忆这些时刻，是想要强调，正是因为希拉克对中国文化的深入了解，带给了他外交方面的优势，同时也起到了扩大法国影响力、增进法国利益的作用。

让—戴维·雷维特

前法国大使，曾任希拉克总统和萨科齐总统外事顾问

Un esprit de compréhension mutuelle

Ayant eu l'immense privilège de travailler aux côtés de Jacques Chirac, comment pourrais-je ne pas témoigner de son rôle décisif pour mettre un terme aux guerres en Bosnie et au Kosovo, comment ne pas rappeler qu'il fut le premier chef d'Etat à se rendre à New York et Washington dès le 18 septembre 2001 pour marquer la solidarité de la France avec l'Amérique attaquée, enfin comment ne pas rappeler son engagement déterminé contre la guerre en Irak en 2003 ? Mais tout ceci est bien connu. C'est pourquoi je souhaite plutôt évoquer l'un de ses jardins secrets: son extraordinaire connaissance de la civilisation chinoise.

En mai 1997, avant un dîner d'Etat à Pékin, je lui avais suggéré de parler au président Jiang Zemin de la négociation sur la vente d'un grand nombre d'Airbus, qui ne progressait pas. « *Entendu !* » me dit-il. À l'issue du dîner, je me précipitai vers lui :

« *Alors, M. le Président, les Airbus ?* »
« *Zut, me dit-il, je n'en ai pas parlé !* »
« *Mais de quoi avez-vous parlé ?* »
« *Nous avons passé tout le dîner à évoquer la vie du grand poète de la dynastie des Tang, Li Bai ! Et nous nous récitions de mémoire quelques-uns de ses poèmes.* »
« *Ce n'est pas grave, lui dis-je. Nous avons demain matin une session restreinte pour l'échange des cadeaux, et ce sera l'occasion de parler des Airbus.* »

Le lendemain matin, Jacques Chirac offrit notre cadeau, un fac-similé de la feuille d'embauche de Deng Xiaoping dans une usine française où il fut étudiant-ouvrier au début du XXe siècle. Le cadeau du président Jiang Zemin était très personnel: il avait lui-même calligraphié, après le dîner, le poème de Li Bai que Jacques Chirac préférait et l'avait fait monter sur un rouleau de soie. Cette œuvre est restée dans le bureau de l'Elysée jusqu'au dernier jour. Et dans les échanges de lettres qui suivirent cette visite, les deux chefs d'Etat ajoutèrent toujours, l'un et l'autre, un poème de Li Bai soigneusement choisi. J'ajoute que le contrat Airbus fut conclu avec l'achat d'un nombre d'avions au-delà de nos attentes!

Deux ans plus tard, en octobre 1999, Jacques et Bernadette Chirac proposèrent de recevoir dans leur château de Bity, en Corrèze, le président Jiang Zemin et son épouse Wang Yeping, pour deux journées privées avant leur visite d'Etat à Paris. Seuls les deux conseillers diplomatiques et les deux interprètes furent conviés à assister à ces dix-sept heures de conversation. Elles furent d'une extraordinaire liberté de ton et permirent au président Chirac de transmettre à son hôte tous les messages qui lui tenaient à cœur, dans un esprit de confiance et de compréhension mutuelle que je n'ai jamais retrouvé.

Si j'évoque ces souvenirs, c'est pour souligner à quel point cette connaissance extraordinaire de la culture chinoise fut un atout dans la diplomatie de Jacques Chirac comme pour le rayonnement et la promotion des intérêts de la France.

Jean-David Lévitte
Ancien Ambassadeur de France, conseiller des affaires étrangères de deux
présidents de la République française, Jacques Chirac et Nicolas Sarkozy

A Spirit of Mutual Understanding

Having had the immense privilege of working with Jacques Chirac, how could I not speak of his decisive role in ending the armed Bosnia-Kosovo conflict? How could I not commemorate that he was the first Head of State to visit New York and Washington, D.C. on September 18th, 2001, visits that marked France's solidarity as both countries resolutely after the attack on America? How could I not honor his determined commitment and position against the 2003 War in Iraq? But all of these accomplishments were widely known to the public. Therefore, I would like to reveal a corner of his secret garden: his extraordinary knowledge of the Chinese civilization.

In May, 1977, before the state dinner at Beijing, I had suggested to him that he bring up the topic of bulk-purchasing aircraft orders from Airbus with President Jiang Zeming, because negotiations had not progressed for a while. He said "Understood". After the dinner, I approached and asked him—

"So, Mr. President, how about the Airbus business?"

"Oh no", he said, "I didn't talk about it!"

"What did you talk about then?"

"We were discussing the life of the great Tang Dynasty-era poet, Li Bai, throughout the dinner. We also recited some of his poems from memory."

"That's alright", I told him, "We have a meeting fixed for the gift exchanges tomorrow morning, and it will be a good opportunity to bring up the subjects of Airbus Purchases."

The following morning, Jacques Chirac offered our gift: a duplicate of Mr. Deng Xiaoping's application form for a factory in France. at the beginning of the 20th century, he used to be a student worker in that factory. The gift from President Jiang Zemin was very personal. He wrote his beloved poem written by Li Bai in calligraphy, and framed it in silk. This piece of work stayed on the wall in Jacques Chirac's office in the Elysée Palace until his last day as president. After the visit, when the two Heads of States exchanged correspondence, they would attach a carefully selected poem of Li Bai. In addition, China purchased a considerable number of Airbus airplanes that exceeded our expectations!

Two years later, in October1999, Jacques Chirac and his wife Bernadette proposed to host President Jiang Zemin and his wife Wang Yeping at their personal residence, the Chateau de Bity, in Corrèze, France for two days, right before their official visit to Paris. Only two diplomatic advisors and two interpreters were invited to attend this seventeen-hour conversation. The intimate atmosphere let President Chirac open up to his guests in an unprecedented way, demonstrating the spirit of trust and mutual understanding.

The reason I recollect these moments is to emphasize that President Chirac's exceptional knowledge about Chinese culture served as an advantage in his diplomacy, fostering the expansion of France's influence and promoting its interests.

Jean-David Lévitte
Former Ambassador of France, Foreign Affairs Advisor for two presidents of
France, Jacques Chirac and Nicolas Sarkosy

吃水不忘挖井人
——深切缅怀中国人民的老朋友希拉克前总统①

    2019年9月26日，希拉克前总统不幸逝世。法国人民失去了一位伟大的领导人，中国人民也失去了一位老朋友、好朋友。中国国家主席习近平第一时间向法国总统马克龙致唁电，并派中国前国务委员戴秉国作为特使专程来法出席希拉克前总统悼念活动。中国国务院总理李克强向法国总理菲利普致唁电，中国国家副主席王岐山前往法国驻华使馆吊唁。上百万中国民众自发通过网络表达哀思。

    斯人已逝，精神永存。作为享誉世界的政治家和战略家，希拉克前总统毕生致力于维护法兰西的伟大，忠实践行以独立自主为核心的戴高乐主义，倡导世界多极化和文明多样性，反对霸权主义和单边主义。2003年，他坚决反对美国发动伊拉克战争，捍卫国际公平正义，给世界各国人民留下了深刻的历史回忆。

    希拉克前总统是著名的中国通，对中国历史文化的了解甚至超过很多中国人。他也因此成为中国人民最喜欢的外国领导人之一，留下很多中国人民耳熟能详的佳话，为促进东西方文明交流互鉴作出了不可磨灭

---

① 该篇文章写于 2020 年 3 月法国巴黎。

的贡献。

在他任内，中法关系取得了辉煌成就，为两国各自发展进步和世界繁荣稳定发挥了重要作用。两国战略互信不断提升，法国成为第一个与中国建立全面伙伴关系、全面战略伙伴关系和战略对话机制的西方大国。他先后四次访华，足迹遍布中国各地。在2003年中国抗击"非典"的困难时期，他派时任总理拉法兰如期访华，给了中国人民重要的精神支持。两国务实合作突飞猛进，航空航天、核能、交通等领域合作取得丰硕成果。两国人文交流开创新模式，他倡议举办的中法文化年影响十分深远，从埃菲尔铁塔的中国红到故宫的红白蓝，中法文化交相辉映。

不忘初心，方得始终。1964年，中法率先建交赋予了中法关系独特的历史基因。在希拉克等两国领导人和社会各界的支持参与下，中法关系历经国际风云变幻考验，在世界上树立起东西方和谐相处、大国间互利共赢的典范。这背后，离不开几个坚实的根基：

一是互尊互谅的相处之道。中法两国发展阶段、社会制度、历史文化差异明显，难免存在这样那样的分歧。但两国的经历表明，只要坚持求同存异，就能克服分歧、共同进步。

二是对彼此未来发展的信心。只有从战略高度和长远角度出发，才能更好把握中法关系。中国始终看好法国的发展前景和国际地位。希拉克前总统则说，"每个法国人都明白，世界的发展前途在很大程度上取决于中国。"

三是互利共赢的合作理念。只有坚持互利共赢，合作才能长期可持续。中法两国经济具有很强的互补性，核能、航空航天、高铁等领域的成功合作已经充分证明，中法合作是双赢的事业，符合两国人民的共同利益。

四是对人类美好未来的共同追求。中法作为联合国安理会常任理事国和全球性大国，都肩负着维护世界和平、增进人类福祉的历史使命。今天，两国共同致力于维护多边主义、完善全球治理，再次体现了共同的担当和责任。

当前，世界正在经历百年未有之大变局，单边主义、保护主义、霸权主义甚嚣尘上，贸易争端、恐怖主义、气候变化、公共卫生危机等全球性挑战层出不穷。一场突如其来的新冠肺炎疫情，对包括中法两国在内的世界各国造成了严峻考验，也让我们再次看到了中法两国人民守望相助、同舟共济的可贵品质。一个充满不确定性的世界需要健康稳定的中法关系，需要两国携手为其不断注入宝贵的正能量。

吃水不忘挖井人。今天，中法友谊之花盛开得如此绚烂，离不开希拉克前总统等先辈们的辛勤耕耘和悉心浇灌。我们愿同法国各界朋友继续沿着先辈们的光辉足迹，共同提升战略共识，分享发展机遇，加强人文交流，维护多边主义，推动中法关系续写新的辉煌。这对希拉克先生将是最好的告慰。

卢沙野

前中国驻法国大使

Boire de l'eau sans oublier celui qui creusa le puits — Commémoration de l'ancien président Jacques Chirac, vieil ami du peuple chinois

Le 26 Septembre 2019, l'ancien président Jacques Chirac s'éteignit. Le peuple français perdit un grand dirigeant, et le peuple chinois un vieil et grand ami. Le président chinois Xi Jinping adressa aussitôt un message de condoléances au président français Emmanuel Macron et mandata l'ancien conseiller d'État chinois Dai Bingguo comme envoyé spécial en France pour assister à la cérémonie commémorative de l'ancien président Chirac. Le Premier ministre chinois Li Keqiang adressa pareillement ses condoléances au Premier ministre français Édouard Philippe et le vice-président chinois Wang Qishan se rendit à l'ambassade de France en Chine pour exprimer ses condoléances. Des millions de chinois exprimèrent leur chagrin à travers les réseaux sociaux.

Bien que le Président nous ait quitté, son esprit restera éternellement. En tant qu'homme politique et stratège de renommée mondiale, l'ancien président Jacques Chirac a consacré sa vie à maintenir la grandeur de la France, à pratiquer loyalement le gaullisme avec l'indépendance comme noyau, à promouvoir le multilatéralisme et la diversité culturelle, et à lutter contre l'hégémonie et l'unilatéralisme. En 2003, il s'est fermement opposé au lancement de la guerre en Irak par les États-Unis. En défendant l'équité et la justice internationale, son acte a profondément marqué l'histoire et la mémoire des peuples de tous les pays du monde.

Le président Chirac est un célèbre connaisseur du monde chinois. Ses connaissances sur notre histoire et notre culture dépassent beaucoup de nos compatriotes. Il est ainsi devenu l'un de nos dirigeants étrangers préférés, laissant derrière lui de nombreuses anecdotes familières au peuple chinois, et a apporté une contribution indélébile à la promotion des échanges entre les civilisations orientales et occidentales.

Au cours de son mandat, les relations sino-françaises ont connu de formidables succès et ont joué un rôle important dans le développement et le progrès respectifs des deux pays ainsi que dans la prospérité et la stabilité mondiales. La confiance stratégique mutuelle entre les deux pays ne cesse d'augmenter, et la France est devenue la première puissance occidentale à établir un partenariat global, un partenariat stratégique global et un mécanisme de dialogue stratégique avec la Chine. Il a visité la Chine à quatre reprises et a voyagé dans quasiment tout le pays. En 2003, durant la période difficile où la Chine devait lutter contre le SARS, il a envoyé le Premier ministre de l'époque, M. Raffarin, visiter la Chine comme prévu, apportant au peuple chinois un soutien moral important. La coopération pragmatique bilatérale progresse à pas de géant et a donné des résultats fructueux dans de nombreux domaines tels que l'aérospatiale, le nucléaire, les transports, etc. Les échanges culturels entre les deux pays ont adopté un nouveau mode. Les Années croisées France-Chine mises en place sur son initiative ont eu un impact profond. De la Tour Eiffel illuminée en rouge, à la Cité interdite aux couleurs tricolores, les éclats et la beauté des cultures chinoise et française se reflètent l'une sur l'autre.

La mission ne peut être accomplie que si l'on garde à l'esprit son intention d'origine. En 1964, l'établissement des relations diplomatiques franco-chinoises avant les autres pays occidentaux a doté à nos relations bilatérales un gène historique unique. Au cours des 56 dernières années, avec le soutien et la participation des dirigeants des deux pays, comme Jacques Chirac, et ceux de tous les secteurs de la société, les relations sino-françaises ont résisté à de nombreux aléas internationaux, donnant l'exemple d'une coexistence harmonieuse entre l'Est et l'Ouest et d'une situation où le bénéfice est mutuel entre deux grandes puissances du monde. Derrière tout cela, il existe quelques bases solides :

La première consiste à établir une entente basée sur le respect et la tolérance mutuels. Les différences qui se trouvent dans les stades de développement, les systèmes sociaux, l'histoire et la culture entre nos deux pays sont évidentes et il est inévitable que certains conflits existent. Mais, l'expérience des deux pays montre que tant que nous insistons sur la recherche d'un terrain d'entente en mettant de côté les différences, nous pouvons surmonter les conflits et progresser ensemble.

La seconde se fonde sur la confiance dans le développement futur de chacun. Nous ne pourrons mieux saisir les relations sino-françaises que d'un point de vue stratégique et à long terme. La Chine a toujours une vision optimiste quant aux perspectives de développement et au statut international de la France. Réciproquement, le président Chirac a déclaré : « *Tous les Français comprennent que l'avenir du monde dépend en grande partie de la Chine* ».

La troisième repose sur le concept de coopération mutuellement favorable. C'est en insistant sur des résultats qui bénéficieront les deux partis que la coopération pourra être durable à long terme. Les économies chinoise et française sont très complémentaires, les succès dans les domaines de l'énergie nucléaire, de l'aérospatiale et du TGV ont pleinement prouvé que la coopération sino-française est une entreprise gagnant-gagnant qui acte dans l'intérêt commun des deux peuples.

La quatrième correspond à la recherche commune d'un meilleur avenir pour l'humanité. En tant que membres permanents du Conseil de sécurité des Nations

Unies et puissances mondiales, la Chine et la France ont pour mission historique de préserver la paix mondiale et d'améliorer le bien-être humain. Aujourd'hui, les deux pays se sont investis ensemble à maintenir le multilatéralisme et à améliorer la gouvernance mondiale, incarnant une fois de plus un engagement et une responsabilité partagés.

À l'heure actuelle, le monde connaît un changement majeur qui n'a pas été observé depuis un siècle. L'unilatéralisme, le protectionnisme et l'hégémonie sont de plus en plus courants. Des défis mondiaux tels que les conflits commerciaux, le terrorisme, le changement climatique et les crises de santé publique ne cessent d'émerger. Cette soudaine pandémie du COVID-19 a mis à rude épreuve tous les pays du monde, y compris la Chine et la France, et nous a également permis de voir à nouveau les qualités précieuses des deux peuples dans leur entraide. Un monde plein d'incertitude a besoin des relations sino-françaises, saines et stables, et les deux pays doivent unir leurs forces pour y injecter en permanence de l'énergie positive.

« Boire de l'eau sans oublier celui qui creusa le puits ». Aujourd'hui, l'épanouissement de la fleur d'amitié sino-française est inséparable du travail acharné et de l'arrosage soigneux de l'ancien président Chirac et des autres prédécesseurs. Nous sommes prêts à poursuivre leur glorieux chemin avec des amis français de tous horizons, à renforcer conjointement le consensus stratégique, à partager les opportunités de développement, à multiplier les échanges culturels, à maintenir le multilatéralisme et à atteindre la nouvelle gloire des relations franco-chinoises. Ce sera la meilleure façon de rendre hommage à Monsieur Chirac.

Lu Shaye
Ancien Ambassadeur de Chine en France

When You Drink Water, Think of the Source — A Commemoration of the Former French President Jacques Chirac, an Old Friend of the Chinese People

Former French President Jacques Chirac passed away on September 26, 2019. His death was not only a huge loss of a great leader for France and its people but also the loss of an old and good friend of the Chinese people. Chinese President Xi Jinping sent a message of condolence to his French counterpart, Emmanuel Macron at the earliest possible time, as well as his special envoy, Dai Bingguo, a former Chinese State Councilor who attended the memorial service for the former President. Chinese Premier Li Keqiang sent a condolence message to Édouard Philippe, France's Prime Minister. China's Vice President Wang Qishan visited the French Embassy in Beijing to pay his respects. Millions of Chinese people expressed their grief over the Internet.

Although the President has left, his spirit will live forever. As a world-renowned statesman and strategist, Jacques Chirac devoted his life to preserving the greatness of France, faithfully practicing Gaullism which has independence as its core, promoting multipolarity and diversity of civilizations, and opposing hegemonism and unilateralism. He was best remembered by people all around the world for his fierce opposition to the U.S. invasion of Iraq, an act that upheld international justice in 2003.

President Chirac was a renowned China expert. He had a more profound understanding of Chinese history and culture than many Chinese people. Thus, President Chirac became one of the most liked foreign leaders by the Chinese people, leaving behind many well-known stories, and made incredible contributions to enhancing exchanges and mutual learning between the East and West.

During his presidency, Sino-French relations enjoyed tremendous success and played an important role in boosting the respective development of both countries, as well as global prosperity and stability. Mutual strategic trust between the two countries has increased since Chirac's time. France was the first Western power to establish a Global Partnership, a Global Strategic Partnership, and a Strategic Dialogue Mechanism with China. Traces of President Chirac's four visits to China can be found in nearly every corner of the country. In 2003, during China's difficult fight against SARS, he sent then Prime Minister Mr. Jean- Pierre Raffarin to visit China as planned, giving moral support to all Chinese people. Pragmatic, bilateral cooperation has been quickly expanded and has achieved fruitful outcomes in various fields such as aerospace, nuclear energy, and transportation. Cultural exchanges between the two countries have also been expanding in new ways. President Chirac's initiative, the Sino-France Cultural Year had far-reaching impacts. That the Eiffel Tower was lit up in red, while the Forbidden City was decorated in red, white, and blue, representing the French national flag, showed that both Chinese and French cultures have enriched each other.

Never forget why you started, and your mission can be accomplished. In 1964, France was the first Western country to establish diplomatic relations with China, which endowed the bilateral relationship with unique historical genes. Over the past 56 years, with the support and participation of leaders from both countries, such as Jacques Chirac, and those from all sectors of society, Sino-French relations have withstood the test of changing international circumstances and served as an example of harmonious co-existence and win-win cooperation between two major countries in the East and West. The achievement cannot be made without firm foundations:

Firstly, it is based on mutual respect and understanding. Disputes are unavoidable between China and France due to the differences in their respective development stages, social systems, history and culture. However, the experience of both our countries has shown that disputes can be dealt with and common progress can be made through seeking common ground while setting aside differences.

The second is based on confidence in each other's future development. Sino-French relations can only be better understood from a strategic and long-term perspective. China has always been optimistic about the prospects for France's development and its global status. Furthermore, President Chirac said that all French people understand that the future of the world depends largely on China.

The third is based on the principle of mutually beneficial cooperation. Long-term cooperation can only be continuously moved forward through a commitment to a win-win strategy. China and France are strong complements to each other. The successful cooperation in the fields of nuclear energy, aerospace, and railways has fully proved that Sino-French cooperation is mutually beneficial and serves the interests of the people of both nations.

The fourth is about the common pursuit of a better future for humanity. As permanent members of the United Nations Security Council and world powers, both China and France shoulder the historical missions of preserving world peace and improving human wellbeing. Today, both two countries have committed themselves to upholding multilateralism and improving global governance, which, once again, reflects a shared commitment and responsibility.

Today, the world is undergoing a major change that has not been observed for a century. Unilateralism, protectionism, and hegemony are becoming more common. Global challenges such as trade disputes, terrorism, climate change, and public health crises emerge in rapid succession. This unexpected COVID-19 pandemic severely tested all countries including China and France but also allowed us to see, once again, the precious qualities of two peoples standing together in mutual assistance. A world that is full of uncertainty needs Sino-French ties with healthy and stable development and the valuable positive energy that is jointly contributed by these two countries.

Drinking the water of a well, one should never forget who dug it. Today, the blossoming friendship between China and France is inseparable from the hard work and commitment of predecessors such as President Chirac. We are willing to join hands with our French friends from all walks of life to continue the glorious journey of our ancestors, broaden strategic consensus, share development opportunities, strengthen people-to-people exchanges, safeguard multilateralism, and add new glory to the Sino-French relationship. It will be the best way to pay tribute to President Chirac.

Lu Shaye
Former Chinese Ambassador to France

雅克·希拉克：搭建中法文化交流的桥梁

白日依山尽，

黄河入海流。

欲穷千里目，

更上一层楼。

对于雅克·希拉克而言，中国是不二之选。希拉克就像500年前的圣弗朗索瓦·泽维耶一样，很早就有一种直觉：中国文明之于亚洲堪比古希腊文明之于欧洲，是一盏指路明灯。

雅克·希拉克不仅触摸过吉美博物馆的瓷器和玉器，更是从年少时起，就浸淫于中国先哲、智者和诗人的作品中。对于这个为政治抱负而活的人来说，还有其他选择吗？除中国外，没有其他文明对人际关系、社会生活有如此多的思考。一言蔽之：政治。从孔子到老子，一切思想确与政治有关，在苏格拉底之前的一个世纪，他们有智慧洞悉一切。因此，雅克·希拉克别无选择：中国将是他一生的热爱。

当然，雅克·希拉克的缪斯女神首先是法兰西，只有为了她、通过她，一切才有意义。对于这位政治上的保守人士，没有什么能够比拟他对自己国家的热忱。希拉克明白自己要对得起前几代人的努力，他知道，一块块石碑依然屹立在法国城市和乡村，清晰地说明了前人留下的遗产是脆弱的。希拉克年少时经历过第二次世界大战的屈辱，法兰西便成为他的奋斗目标，这种为国效忠的殷切愿望顺理成章地转化为对戴高乐主义的坚定支持。

这种"法兰西理念"一直指导着雅克·希拉克的政治生涯。他以颂扬法国为己任，赞美法国的伟大，坚持法国的独立不可分割。这将是后人提起他时首先想到的。

中国？雅克·希拉克那时已经明白中国将再次成为"世界上最强大的国家，一如这么多世纪以来的样子"，他用实际政策将这一展望落实为外交行动。除了雅克·希拉克以外，还有谁能更好地做到这一点呢？

雅克·希拉克在中国的行程很独特，融合了他自身的热爱与敏感的公共利益。例如在上海，他坚持要住在法国球场总会，那里曾是法租界中心，见证了法兰西殖民者骄傲的过去。国家元首正式会面时，希拉克口若悬河地谈论着中国历史中的细节，在场的人惊讶无比。他没有假装谦虚，而是全身心投入自身的热爱，在一些最好的博物馆里像导游一样。雅克·希拉克一向直白坦率，始终保持着善意，他有很强的判断力，这实际上是因为他高瞻远瞩。

就与中国的关系而言，雅克·希拉克将其对中国数千年文化的热爱，在政治上融进戴高乐主义的现实性，打破意识形态的桎梏，"只是认识世界本身"，他想要进一步深化中法之间的关系，这种想法一刻未停，因为他认为这对人类未来至关重要。希拉克是当前最能代表法中友谊的法国政治家，可能将来也是。

归根结底，雅克·希拉克就像一幅中国画：他与中国的关系，乍看可能是那么神秘，但实际上却只是一个启示。他对中国的深入了解，以

及深切热爱并不是终点或结局。雅克·希拉克既不是最后一位戴高乐主义者，也不是最后一位"中国的朋友"。他是一个起点，每个人在与中国及中国人交流中，都应从中得到启发，如蓬皮杜所言，"进行积极而富有成果的友好交流"。

戴维·毛里佐
法兰西史迹中国总代表

Jaques Chirac: Construire un pont de communication culturelle entre la Chine et le France

Le soleil blanc s'enfonce derrière la montagne,
Le fleuve Jaune roule ses eaux dans l'océan…
Mais si vous voulez voir un paysage vraiment immense,
Montez un étage de plus !

Pour Jacques Chirac la Chine était une évidence. Comme Saint François-Xavier 500 ans avant lui, il eut très tôt l'intuition que cette civilisation était à l'Asie ce que la Grèce antique est à l'Europe. Un phare.

Car, Jacques Chirac n'a pas fait qu'effleurer les porcelaines et les jades du Musée Guimet. Il s'est pétri, depuis son plus jeune âge, des œuvres de ses penseurs, de ses sages et de ses poètes. Mais pouvait-il en être autrement pour cet homme dont la réflexion politique était sa raison d'être ? Nulle autre civilisation n'a autant pensé les rapports humains, à la vie en société. En un mot : la politique. Car, de Confucius à Lao Zi, tout est bel et bien politique. Un siècle avant Socrate, rien n'échappât à leur intelligence. Jacques Chirac n'eut donc le choix : la Chine serait la passion de sa vie.

Bien évidemment, la muse de Jacques Chirac était avant tout la France. C'est par elle, et pour elle, qu'il avait sens. Chez ce conservateur – au sens politique du terme – rien n'égalait l'ardeur qu'il ressentait pour son pays. Il savait ce qu'il devait à la succession de générations qui l'avait façonné. Il savait que cet héritage, visible dans ces pierres qui se dressent encore fièrement dans nos villes et nos campagnes, était fragile. Jeune, il avait vécu l'humiliation de la Seconde Guerre Mondiale. La France, il en fit ainsi son combat. Et, cette intime volonté de la servir se traduisit, en toute logique, par son engagement auprès du Général de Gaulle.

Cette « certaine idée de la France » a été le fil conducteur de la carrière d'homme d'État de Jacques Chirac. La France, il en fut le chantre en louant sa grandeur et avec elle son indissociable indépendance. C'est ce dont la postérité se souviendra avant tout.

La Chine? Il avait compris qu'elle était à l'aube de redevenir « ce qu'elle fut pendant tant de siècles: la plus grande puissance de l'univers. » Sa politique traduisit cette vision en actes diplomatiques. Et à part Jacques Chirac qui d'autre pouvait mieux l'incarner?

En Chine, ses voyages étaient l'expression de cette fusion unique entre une passion privée et un sens aigu du bien public. A Shanghai par exemple, il tenait absolument à résider au centre de l'ancienne concession française dans ce qui avait alors été le Cercle Sportif Français, ce haut lieu de la fierté coloniale à la française. En tête-à-tête officiel, il engageait des joutes oratoires sur des détails de l'histoire chinoise, sous les yeux médusés des témoins présents. Sans fausse modestie, entièrement à sa passion, il allait ensuite jouer au guide dans les meilleurs musées. Ses commentaires étaient directs, ses remarques franches, son intention toujours bonne. Il visait juste. Car en réalité il visait loin.

Dans sa relation avec la Chine, son affection intime de la culture plurimillénaire chinoise s'est ainsi mêlée avec ce sens si gaullien des réalités politiques. Éloigné des spasmes des idéologies, « reconnaissant simplement le monde tel qu'il est », il n'eut de cesse de vouloir approfondir une relation qu'il jugeait central pour l'avenir de l'humanité. Il est et restera probablement l'homme d'État français qui incarna le mieux l'amitié franco-chinoise.

Jacques Chirac est finalement à l'image d'une peinture chinoise : Sa relation avec la Chine, si mystérieuse peut-elle être au premier regard, n'est en réalité que suggestion. Cette connaissance intime de la Chine, cette profonde passion n'est pas un point d'arrivée, une fin. Jacques Chirac ne fut ni le dernier gaulliste, ni le dernier « ami de la Chine. » Il est un point de départ, dont chacun, dans sa relation avec la Chine et les Chinois, devrait s'inspirer, pour que – comme le disait Georges Pompidou – « s'engage l'actif et fructueux échange d'une sympathie réciproque. »

David Maurizot
Délégué Général du Souvenir Français en Chine

Jacques Chirac: Building a Bridge for Cultural Exchanges between China and France

The white sun behind the mountain falls,
The Yellow River into the seas flows.
In order to take in a boundless view, Ascend another floor.

For Jacques Chirac, China was an obvious choice. Like Saint Francis Xavier who lived about 500 years ago, he came to realize very early that Chinese civilization is to Asia what ancient Greek civilization is to Europe. It's a beacon.

Jacques Chirac had appreciated porcelain and jade in the Guimet Museum and was further immersed himself in the works of Chinese thinkers, sages, and poets from an early age. Could it be otherwise for a man who saw political thoughts as a reason to live? No other civilization has thought so much about human relations and social life. In a word, politics. Everything was indeed about politics in terms of Confucius and Lao Tzu, who lived a century before Socrates, and at that time nothing escaped their intelligence. Therefore, Jacques Chirac had no other choice: China would be the passion of his life.

Of course, France was Jacques Chirac's muse. It was for her and through her that everything made sense. For the conservative—in the political sense—nothing was equivalent to his love for the country. He knew what he owned to the generations that had shaped the country. He also realized that their heritage, visible in the stones erected in our cities and countryside, was fragile. When

Chirac was young, he had experienced the humiliation in World War II; therefore, he made France his fight. This ardent desire to serve the country was naturally translated into his deep commitment to General de Gaulle.

The "certain idea of France" had been the guiding principle in Jacques Chirac's career as a statesman. He made eulogizing France's greatness and its inseparable independence his mission, which would be remembered by posterity above all.

China? He understood that this country was on the cusp of becoming "the greatest power in the world, as it used to be for many centuries". He then put forward policies to translate his vision into diplomatic actions. Who else could embody it better apart from Jacques Chirac?

His trips to China were the expression of a unique fusion of personal passion and a keen sense of the public interest. In Shanghai, for example, he insisted on residing in the center of the former French Concession, once the French Club (Cercle Sportif Français), a place any French colonist would be proud of. During the official meeting among heads of states, Chirac engaged in debates over the details of Chinese history, leaving the remainder dumfounded. He acted as a guide in the best museums with a purity of passion and without any false modesty. He was always straightforward and candid with good intentions. His aim was always right as he aimed far ahead in reality.

In his relationship with China, his affection for the centuries-old culture was integrated with the Gaullist sense of political reality. Freeing from ideological shackles and "simply recognizing the world as it is", he never ceased thinking about ways to deepen Sino-French relations, which he considered central to the future of mankind. He is and will probably remain the French statesman who can best exemplify the friendship between France and China.

Ultimately, Jacques Chirac is like a Chinese painting: his relationship with China, however mysterious it may be at first glance, is only a suggestion. Intimate knowledge and deep passion for China are not endpoints. Jacques Chirac will neither be the last Gaullist nor the last "friend of China". He stood at the starting point, from which everyone should draw inspiration when it comes to relations with China and its people, so that— as President Pompidou said— "to promote positive, productive and friendly exchanges."

David Maurizot
Director General of the Souvenir Français in China

《阿玛柯德》①

　　显然，揭示希拉克对亚洲文化，尤其是对中国文化的特殊感情并不难。他对中国的热爱众所周知，主要基于他对有着千年历史的中华文明深切而特别的关注。尤其，他非常喜欢阅读中国许多伟大诗人及作家的著作。他还十分欣赏中国的艺术、书法，这在当今熟悉中国的西方知识分子中也是非常少见的。

　　2019年9月27日，《人民日报》法语在线版在雅克·希拉克去世翌日发表悼文，称这位前总统是"最了解中国的西方政治家"，"他可以用法语即兴朗诵著名的唐诗，还能默写出中国朝代纪年表，甚至能准确地判断中国青铜器的历史年代"。

　　就中法关系而言，雅克·希拉克一直以来都是戴高乐主义的坚定继承者。事实上，戴高乐将军为巴黎与北京间恢复外交关系奠定了基础。尽管面临着重重困难，例如在印度支那地区支持胡志明游击队、法国与中国台湾的历史关系等，但在1964年1月27日，中法两国政府公布建立外交关系。（如不考虑中英建立的特殊联系，法国是第一个与新中国建交的西方国家。）

————————————

① 　由费德里科·费里尼执导的电影，剧名意为"我的回忆"。

戴高乐选择这条道路有双重目的。一方面是为了减少对冷战的二元解读。如此可以预见三足鼎立的全球局势，这也是20世纪70年代尼克松和基辛格所希望促成的。

另一方面是为了挖掘中国的经济与文化潜力。从长远来看，中国注定要在亚洲地区，乃至全球范围内发挥决定性作用。出于各种原因，戴高乐之后的继任者并没有延续对华（从广义角度来讲是亚洲）的友好政策方针，仅仅局限在与前法国殖民地——印度支那地区保持着特殊关系。密特朗主政时期，中法外交关系一度完全冻结。

1995年希拉克执掌法国政府标志着一个明显的转折点。在接下来的十二年中，整个亚洲大陆（希拉克经常被称为"亚洲总统"），尤其是中国，在法国的外交政策中扮演了决定性的角色。

希拉克的外交政策与戴高乐主义一脉相承，在冷战结束后又进行了全新解读，这主要基于法国在促进多极化、对抗美国（文化及其他方面）霸权、推动以巴黎为首的欧洲行动主义上发挥的主导作用。

我想在此追忆让我深深感受到他强大感染力的三个时刻。

第一个时刻是他在参观了西安的秦始皇兵马俑后向我描述的方式。他不仅赞誉其为"世界第八大奇迹"，同时也认为这是中国几千年历史中大一统力量的象征。很难分辨他的描述更侧重于美学还是政治因素，当然这样的疑惑不仅限于此。因为更恰当来说，希拉克正是基于这两个内在因素来从大体上判断人和事物的。

第二个时刻是他曾在上海博物馆为我做私人导游。当他知道这是我第一次去参观时决定陪同我一起前往。而当我知道他已经去过许多次时我个人感到很尴尬。然而，我意识到他只是非常愿意分享和传播他所积累的知识。这位法国总统熟门熟路地带我穿过了所有的展馆与展厅。

这次参观中并没有无趣地分析或是卖弄学问。相反，他精挑细选了一些展品，讲解时条理清晰，不仅带我欣赏了极具美学价值的艺术作品，还特别关注了那些从政治角度或从技术创新层面上标志中国历史转折点的作品。

我多次感叹，我是多么幸运能让法兰西共和国的总统做我的私人向导。

在与中华人民共和国国家主席的会议中他所扮演的角色更为复杂，我也有幸能以欧盟委员会主席的身份参加。在一般礼节性的交流之后，与会代表就议程议题及更为多样的主题进行讨论并发表见解，会议的气氛也越来越活跃与亲密。

在某个瞬间，大家的注意力就转移到了中国历史上。如果我没记错的话，确切地说是集中在了一场发生在663年的中国海战——百济之战。

在接下来的一个半小时中，中欧关系议题暂时被搁置。这是我一生中见过的最为精彩的战役分析之一，就实际参与战斗的船只数量、位置及战略性的排兵布阵进行了探讨。我可以向您保证，无论是海战、空战还是陆战，我从未见过如此详尽的分析。

当然，在与中国国家主席的交谈中，希拉克的任务比在上海博物馆为我做导游要更为复杂。但我保证，尽管雅克在向中国国家主席"传授"中国历史知识方面还有待提高，但他对细节的深刻理解，着实令我震惊。

精彩的交谈结束后我们又回到了关于中欧关系问题上的讨论，但我从未忘记两位国家元首讨论并试图模拟船只轨迹的场景。船只轨迹不仅取决于战略选择的有效性，还取决于参与663年百济之战船只的建造特征。

在关于战役分析漫长且愉快的讨论结束后，话题又自然回到了讨论中国与欧盟关系的现状及未来前景上。在中国加入世界贸易组织后的几年里，会议议题主要集中在两个基本点上：承认中国的市场经济地位、解除对华武器禁运。

在这两点上，希拉克一直支持中国，并利用每一个机会为他的立场辩护。在解除禁运问题上，相较于其他任何欧洲领导人，他最为明确地阐释了自己的立场，即使成为了少数派，他也坚持了很长一段时间。我记得2005年2月（与美国总统布什会晤之前），他曾公开表示应该解除禁运，因为这样的举措不再合理，并强调加拿大从未签署该禁令，且澳大利亚十年前就已宣布取消。为了说服许多不愿意取消禁令的欧洲国家，并让他们意识到美国在实施过程中会遇到困难，希拉克补充道，欧洲会与美国共同决定取消禁令的条款。

反对的声音不仅来自于美国，更来自于大部分欧洲国家，甚至法国国内。他们反对的理由是基于自身的政治动机，例如担心中国在伊朗与非洲地区不断扩张的影响力，以及中国在经济和商业领域与本土市场的竞争压力。

希拉克意识到了反对的力量，也并没有小觑。但他深信，并曾公开表示，未来法国在世界上的影响力将取决于是否有能力与中国建立紧密且坚实持久的合作关系。

他补充道，除法国外（法国是第一个与中国建交的欧洲国家），没有任何一个欧洲国家可以提出并实施类似的战略和政策。毫无疑问，法国历来高度重视与中国的关系。2004年中国建交40周年的庄严庆祝就是很好的印证。

2004年标志着希拉克将中国置于法国外交政策发展的核心地位。中国国家主席胡锦涛于2004年1月对巴黎进行了国事访问，庆祝中法建交40周年。我们仍记得法国在香榭丽舍大街为中国贵宾组织的盛装游行，埃菲尔铁塔也"披"上了红装，这些都极具象征意义。

在此类争议性议题上他所采取的鲜明立场，不仅是因为他对中国历史、文化和艺术充满了热爱，同时也是他精准的战略选择之一。换句话说，于希拉克而言，中国是从单极世界向多极世界过渡的必要工具。在多极化世界中，欧洲，尤其是法国也可以发挥主导作用。因此，法国自然要帮中国向世界政治舞台靠近。的确，希拉克曾反复声明，一个拥有世界五分之一人口的国家不能被边缘化。

希拉克的愿景清晰且合理，目标是让欧洲在世界政治中担任调停角色，不仅考虑了美国的重要性，还考虑到了中国的崛起且将更加强大。但历史的发展总是难以预测：法国国民干扰了希拉克目标的实现，并且拒绝了"欧洲宪法"，这是法国乃至欧洲国家可以在国际事务中扮演关键角色的条件和基础。

2013年底，中国外交部部长王毅在巴黎拜访了希拉克，有着重要意义。尽管希拉克当时身体抱恙，但依然神志清醒，临别前他说了一句极富象征意义的话："我深信，随着中国的进一步发展，中国重要的思想和智慧将在世界上发挥越来越重要的作用。"

罗马诺·普罗迪

意大利前总理（1996—1998、2006—2008），

欧盟委员会前主席（1999—2004）

Amarcord

Il n'est certainement pas difficile de mettre en évidence les sentiments particuliers que Chirac avait pour la culture asiatique et pour la culture chinoise en particulier. Sa passion pour la Chine était connue et reposait avant tout sur une attention profonde et particulière à son histoire millénaire dont il avait lu avec passion les textes des plus grands poètes et écrivains. À cela s'ajoutait une admiration pour l'art de la calligraphie que l'on retrouve rarement chez nombre d'intellectuels occidentaux connaissant aujourd'hui le monde chinois.

En se souvenant de Jacques Chirac le lendemain de sa mort le 27 septembre 2019, le *Quotidien du Peuple*, dans sa version française en ligne, se souvenait de l'ancien président comme de « l'homme politique occidental qui connaissait le mieux la Chine ». « Il pouvait improviser la récitation en français d'un poème par l'un des plus grands poètes de la dynastie Tang, écrire par cœur la chronologie des dynasties chinoises et évaluer avec précision l'âge de fabrication d'un bronze chinois. »

Quant aux relations sino-françaises, Jacques Chirac a toujours été en parfaite continuité avec l'héritage gaulliste. C'est en fait le général de Gaulle qui a jeté les bases d'un rapprochement entre Paris et Pékin qui, non sans de nombreuses difficultés liées au soutien de la guérilla de Ho-Chi Minh en Indochine mais aussi avec les relations historiques entre la France et Taïwan, a cependant conduit à l'ouverture historique des relations diplomatiques le 27 janvier et 1964 entre Paris et Pékin (premier pays occidental, si l'on exclut les liens particuliers tissés par le Royaume-Uni).

De Gaulle a suivi cette voie avec un double objectif. D'une part, affaiblir la lecture binaire de la guerre froide et, en ce sens, anticiper cette approche de la triangulation, qui s'est poursuivie dans les années 70 par le couple Nixon-Kissinger.

De l'autre, exploiter le potentiel économique et culturel d'un pays destiné à jouer un rôle décisif dans la zone asiatique et, sur le long terme, au niveau mondial. Les locataires de l'Élysée successeurs de de Gaulle n'ont pas, pour différentes raisons, poursuivi la même voie chinoise (mais généralement asiatique) de la politique internationale française, se limitant à des relations privilégiées avec l'ancienne zone coloniale de l'Indochine française. Avec Mitterrand, il faut se souvenir d'un véritable gel des relations diplomatiques.

L'arrivée de Chirac à la tête du pays en 1995 a marqué un net tournant et à partir de ce moment et pour les douze prochaines années, le continent asiatique en général (Chirac est souvent appelé le « président asiatique »), et la République populaire de Chine en particulier, sont devenus décisifs dans la politique étrangère transalpine.

Ce positionnement de Chirac était étroitement lié à cette approche de la politique étrangère gaulliste qui, réinterprétée à la lumière de la fin de la guerre froide, s'appuyait sur un rôle français de premier plan dans la promotion du multipolarisme, dans la lutte contre l'hégémonie (culturelle mais pas seulement) américaine et promouvait l'activisme européen dirigé par les Français.

Je me limite à ramener à ma mémoire trois moments au cours desquels il m'a personnellement transmis ce sentiment d'admiration participative.

Le premier concerne la manière dont il m'a transmis son émotion lorsqu'il a vu les guerriers en terre cuite de Xi'an. Non seulement il considérait cette armée de terre cuite comme « la huitième merveille du monde », mais il la décrivait comme un symbole de la puissance d'unité des longs millénaires de l'histoire chinoise. Il était difficile de comprendre si des aspects esthétiques ou politiques prédominaient dans sa description. Cette difficulté n'était certainement pas limitée à ce cas parce que c'était plutôt un élément intrinsèque à la façon dont Chirac jugeait généralement les gens et les événements.

Le deuxième souvenir personnel concerne le fait que j'ai eu Chirac comme guide personnel au Musée de Shanghai. Je devais le visiter pour la première fois et quand il a décidé de m'accompagner, je me suis senti personnellement embarrassé de savoir qu'il y avait déjà été plusieurs fois auparavant.

Toutefois, j'ai réalisé que son désir était précisément de transmettre et de partager les connaissances qu'il avait construites au fil du temps. Le président français m'a conduit à travers les salles du musée avec une visite incroyablement précise. Une visite non analytique et pédante mais choisie et raffinée, habitant non seulement les chefs-d'œuvre surprenants pour leur aspect esthétique mais en accordant une attention particulière à ceux qui ont représenté un tournant dans l'histoire chinoise à la fois d'un point de vue politique et des innovations technologiques.

Il est clair que plusieurs fois, je me suis dit à quel point il serait très difficile dans ma vie d'avoir une seconde chance d'avoir le président de la République française comme guide de musée.

Plus compliqué a été son rôle dans une réunion avec le président de la République populaire de Chine, une réunion dans laquelle j'ai eu la bonne fortune de participer en tant que président de la Commission européenne. Après les échanges de courtoisie habituels, la rencontre s'est déroulée dans une atmosphère de plus en plus intimiste, alternant les points de l'agenda prévu par le protocole avec des observations et réflexions sur les sujets les plus divers.

À un moment de la conversation, l'attention s'est concentrée sur l'histoire chinoise, et précisément sur la bataille navale qui, si j'en crois mes souvenirs, a eu lieu dans la lointaine année de 663 dans les mers de Chine.

A partir de ce moment, pendant une bonne demi-heure, les relations entre la Chine et l'Union européenne ont été mises à l'écart et je suis devenu spectateur d'un des conflits les plus extraordinaires sur le nombre de navires réellement engagés dans le combat ainsi que leur positionnement, sur les stratégies mises en œuvre par les amiraux et sur les effets des stratégies elles-mêmes.

Je peux vous assurer que je n'ai jamais assisté à une analyse aussi raffinée d'une bataille de ma vie, que ce soit une bataille navale, aérienne ou terrestre. Bien entendu, dans son duel avec le président chinois la tâche de Chirac était beaucoup plus complexe qu'elle n'avait été lorsque je l'eus pour guide dans les couloirs du Musée de Shanghai. Je vous assure, cependant, que même s'il a eu quelques difficultés à enseigner l'histoire chinoise au président chinois, Jacques a montré une connaissance de ses détails que je n'hésite pas à définir de stupéfiante.

Bien que la fin de ce merveilleux duel m'ait permis de revenir en jeu avec la discussion des problèmes concernant les relations entre la Chine et l'Union européenne, je n'ai jamais oublié la scène des deux présidents occupés à simuler les trajectoires des navires et à discuter non seulement sur la validité des choix stratégiques mais aussi sur les caractéristiques de construction des navires participant à la bataille de Baekgang en 663.

Au terme de ce long et délicieux défi maritime, la discussion est naturellement revenue sur les développements actuels et futurs des relations entre la Chine et l'Union européenne. Ce sont les années au cours desquelles, après l'entrée de la Chine dans l'OMC, la discussion s'est concentrée principalement sur deux points fondamentaux : la reconnaissance du statut d'économie de marché de la Chine et la levée de l'embargo sur les exportations d'armes.

Sur ces deux points, la position de Chirac a toujours été favorable, il profitait de toutes les occasions pour défendre ses positions. Son avis favorable à la levée de l'embargo était le plus explicite parmi ceux de tous les dirigeants européens et a été maintenu pendant une longue période, même lorsque sa position est devenue minoritaire. Je me souviens à cet égard de la position adoptée en février 2005 (avant la rencontre avec le président américain Bush) dans laquelle il déclarait que l'embargo devait être levé car il n'était plus justifié, soulignant que le Canada ne l'avait jamais signé et que l'Australie l'avait déjà retiré depuis 10 ans. Afin de convaincre de nombreux pays européens réticents et conscients des difficultés qui entravaient la mise en œuvre de ce projet par les États-Unis, Chirac a ajouté que l'Europe et les États-Unis définiraient ensemble les conditions.

Ces positions ont trouvé une forte opposition non seulement du côté américain et d'un nombre important de pays européens mais aussi à l'intérieur de la France, oppositions fondées sur des motivations politiques, telles que la crainte de l'influence chinoise croissante en Iran et en Afrique, mais également pour la concurrence avec l'empire du Milieu dans le domaine économique et commercial.

Chirac était conscient de ces oppositions et ne les a pas sous-estimées mais était convaincu (et a déclaré ouvertement) qu'une part importante de l'influence future de la France dans le monde dépendrait de sa capacité à construire une relation particulièrement forte et durable avec la Chine.

Il a ajouté qu'aucun autre pays européen que la France, pionnière européene en la matière, n'aurait pu mettre en place cette politique de stratégie commune pour initier des relations diplomatiques avec la Chine.

Ce n'est pas pour rien que cette primauté a toujours été exposée avec une grande importance, comme cela s'est produit par exemple en 2004 avec la célébration solennelle du quarantième anniversaire du début des relations diplomatiques entre la France et la Chine.

2004 est le symbole de la centralité que Chirac accordait à la Chine dans l'évolution de la diplomatie française. C'est avec la visite d'État de Hu Jintao à Paris les 26 et 29 janvier 2004, que le quarantième anniversaire de l'ouverture des relations diplomatiques entre la République française et la République populaire de Chine a été célébré.

À titre de témoignage symbolique, nous nous souvenons du défilé des Champs-Elysées organisé pour l'invité chinois et de la décision d'illuminer la Tour Eiffel en rouge pour la durée de son séjour parisien.

Ces positions nettes sur des questions aussi controversées n'étaient certainement pas seulement la conséquence de son admiration bien connue pour l'histoire, la culture et l'art chinois, mais découlaient d'un choix stratégique précis. Autrement dit, pour Chirac, la Chine était l'instrument nécessaire pour la transition d'un monde unipolaire à un monde multipolaire, dans lequel il aurait aussi pu y avoir un rôle de premier plan pour l'Europe, et en particulier pour la France, qui aurait donc dû être le premier pays insérant la Chine plus étroitement dans le jeu politique mondial. Chirac répétait qu'un pays qui à lui seul compte un cinquième de la population mondiale ne peut être marginalisé.

Le plan de Chirac était clair et rationnel: amener l'Europe à jouer un rôle de médiateur dans la politique mondiale en tenant compte non seulement de l'importance des États-Unis, mais aussi en tenant compte de la formidable ascension de la Chine. Le tout motivé par la capacité de la France à proposer et à arbitrer. Comme cela arrive souvent, l'histoire suit des chemins complètement imprévisibles : ce sont les Français qui ont rendu impossible le projet de Chirac, rejetant le projet de constitution européenne, qui était la condition pour que la France et les autres pays de l'Union puissent jouer leur rôle dans le monde.

La visite que le ministre chinois des Affaires étrangères Wang Yi lui a rendue à Paris fin 2013 revêt également une grande signification. Un Chirac déjà malade mais toujours lucide a conclu cette conversation amicale avec une phrase emblématique: « *Je suis convaincu qu'avec le développement de la Chine, les idées et la sagesse chinoises joueront un rôle important dans le monde.* »

Romano Prodi

Ancien Premier ministre Italien (1996-1998; 2006-2008) et président de la

Commission européenne (1999-2004)

Amarcord[①]

Certainly, it is not difficult to reveal the particular feelings that Chirac had for Asian culture, especially for Chinese culture. His passion for China was well-known and based above all on a deep and particular attention to its millennial history. In particular, he was really into reading the works of China's greatest poets and writers. His admiration for the arts and calligraphy was rarely found in many of the Western intellectuals today who are familiar with the Chinese world.

In memory of Jacques Chirac on the day after his death on September 27, 2019, *Le Quotidien du Peuple*, the online French version of the *People's Daily*, wrote that, "He was the Western statesman who knew China best", "He could recite a poem written by the greatest poets of the Tang dynasty in French, write the chronology of the Chinese dynasties and evaluate the age of Chinese bronze accurately".

As for Sino-French relations, Jacques Chirac has always been in perfect continuity with the Gaullist legacy. It was in fact General de Gaulle who laid the foundations for the rapprochement between Paris and Beijing. Even with many difficulties linked with the support of Ho-Chi Minh's guerrillas in Indochina, and with the historical relations between France and China's Taiwan Region, the diplomatic relations between Paris and Beijing were established on January 27,

---

① The title of Federico Fellini's movie "Amarcord" means "I remember".

1964. (France was the first western country to establish diplomatic relations with the PRC, if excluded China's special ties forged with the United Kingdom.)

De Gaulle followed this path for two purposes. One is to weaken the binary reading of the Cold War. In this sense, a tripartite division of the world could be anticipated, which was also pursued by Nixon and Kissinger in the 1970s.

The other is to tap into the economic and cultural potential of a country that is destined to play a decisive role in Asia, and in the long run, in the world. De Gaulle's successors, for various reasons, have not pursued the same policy towards China, (in general, Asia), limiting themselves to special relations with its former colonial zone of French Indochina. During the Mitterrand administration, one must remember there was a real freeze in the diplomatic relations between Paris and China.

The arrival of Chirac at the helm of the country in 1995 marked a clear turning point. In the coming 12 years from now on, the Asian continent (Chirac was used to be called as the President of Asia), and China, in particular, have played very decisive roles in France's foreign policy.

This positioning of Chirac was closely connected to the Gaullist foreign policy. It was also being reinterpreted in the aftermath of the Cold War, based on France's leading role in the promotion of multi-polarism, in the fight against American hegemony (in cultural and other aspects), and also, in the promotion of European activism led by Paris.

I limit myself to bringing back to my memory three moments during which he personally transmitted to me this feeling of admiration.

The first moment is related to the way he conveyed his emotion to me when he saw the terracotta warriors in Xi'an. Not only did he regard this terracotta army as "the eighth wonder of the world", but also, he described it as a symbol of the power of unity that China has in its millennia-old history. It was difficult to understand if it is the aesthetic or political aspect that predominated in his description. This difficulty was certainly not limited to this case. Because it would be more proper to say that Chirac judged people and event generally based on these two intrinsic elements.

The second moment is when I had Chirac as my personal guide at the Shanghai Museum. He decided to accompany me when he knew it was my first visit. I felt embarrassed personally knowing that he had been there many times before. However, I realized that he wished to share the knowledge he had built up over time. The French President led me through all galleries and halls in an incredibly precise way. It was a non-analytical or pedantic but a selective and refined visit. He introduced to me not only the masterpieces with surprising aesthetic beauty, but also in particular, those works that could mark the turning point in Chinese history from the view of politics or technological innovation. I thought about it many times that how fortunate I am in my life to have the President of the French Republic as a personal museum guide.

His role in a meeting with the President of the People's Republic of China was more complicated, in which I also participated, fortunately, as the President of the European Commission. After the customary exchange of courtesies, observations and reflections on the agenda issues and more diverse subjects have been shared alternatively with the meeting atmosphere becoming increasingly intimate. At one point in the conversation, the attention was shifted onto Chinese history, on the naval battles, specifically, which took place in 663 in the China seas, if I can trust my memory.

In the next one and half hours, discussion on China-EU relations were put aside, and it was one of many extraordinary disputes that I have ever witnessed, over the actual number of ships engaged, their location, and the strategic deployment. I can assure you that I have never witnessed such a detailed analysis of a battle in my life, be it a naval, air or land battle.

Of course, in his talk with the Chinese President, Chirac's task was more complicated than having guided me through the museum. However, I can assure you that even though he had some difficulties in "teaching" Chinese history to the Chinese president, Jacques showed his profound understanding of the details, which I do not hesitate to define it as being astonishing.

The end of this wonderful talk allowed me to go back to the discussion of problems concerning relations between China and the European Union, but I have never forgotten the scene of the two presidents being dedicated to simulating the trajectories of ships, which not only relies on the validity of the strategic choices, but also the construction characteristics of the ships engaging in the Battle of Baekgang in 663.

At the end of this long and delightful dialogue on seafaring challenge, the discussion naturally returned to focus on the present and possible future developments in relations between China and the European Union. In the following years after China's entry into the WTO, the discussion focused mainly on two fundamental points: the recognition of China's market economy status and the lifting of the embargo on arms exports. Chirac has always been favorable to the two points and took every opportunity to defend his position. He expressed his support on the lifting of embargo more explicitly than any other European leaders did, and insisted for a long period of time, even when he became a minority.

In this regard, I remember, he declared in February 2005 (before the meeting with the American President Bush), that the embargo should be lifted because it was no longer justified, stressing that Canada had never imposed one and Australia had lifted the embargo 10 years ago. In order to convince the European countries which were reluctant to do so and make them aware of the difficulties the United States would encounter during the implementation of this project, Chirac added that Europe would define the conditions of the lift together with the United States.

The strong opposition not only came from the American side, but also from a significant number of European countries, even from within France, based on the political motivations, such as the fear of China's growing influence in Iran and Africa, and of China's competition with the local markets in the economic and commercial field.

Chirac was aware of these oppositions and did not underestimate them. He was convinced and declared openly that France's future influence in the world would depend on its ability to build a particularly close, strong and lasting relationship with China. He added that no European country other than France (the first European country to establish diplomatic relations with China), would have been able to put forward and implement similar strategies and policies. Undoubtedly, China's importance has always been highly valued. That the 40th anniversary of diplomatic relations between France and China was celebrated solemnly in 2004 was an illustration of this.

2004 is the symbol of the centrality that Chirac granted to China in the evolution of French diplomacy. The Chinese President Hu Jintao paid a state visit to Paris in January 2004 for the celebration of the 40th anniversary of the diplomatic relations between the French Republic and the People's Republic of China. We remember that the parade on Champs-Elysées was organized for the Chinese guests and also, the decision to illuminate the Eiffel Tower in red during the stay in Paris, which had a deep symbolic meaning.

His clear positions on such controversial issues were not only because of his well-known admiration for Chinese history, culture and art, but also his precise strategic choice. In other words, for Chirac, China was the necessary instrument for a smooth transition from a unipolar world to a multipolar world, where Europe, and in particular France, could also play a leading role. Certainly, it was natural for France to integrate China more closely into the world's political arena. Indeed, Chirac reiterated that a country with a fifth of the world's population cannot be marginalized.

Chirac's vision, being clear and rational, was to bring Europe to play a mediating role in world politics, taking into account of both the importance of the United States and the formidable rise of China. It was all motivated by France's ability to propose and mediate. As often happens, history follows completely unpredictable pathways: it was the French who made the Chirac's plan impossible and rejected the EU constitution, which was the condition for France and other EU countries to play a key role in world affairs.

Chinese Minister of Foreign Affairs Wang Yi visited him in Paris at the end of 2013, a visit which was of great significance. Chirac, being sick but always lucid, concluded this friendly conversation with an emblematic remark: "I am deeply convinced that with the further development of China, China's important ideas and wisdom will play a more and more important role in the world."

Romano Prodi

Former Italian Prime Minister (1996-1998; 2006-2008), Former President of the European Commission (1999-2004)

希拉克总统：推动建设人类命运共同体理念的先锋

雅克·希拉克和中国的关系非同一般。基于对中国文明的深厚了解，希拉克总统对中国满怀敬意。

我记得在20世纪90年代初和他第一次访问中国时，他还是巴黎市长，其任期内的成就可被载入法国首都巴黎的史册。我们一起去了北京、西安和上海。让我们震惊的是，他会花很长时间参观每一个城市的博物馆，差点没让那些因倒时差而疲惫不堪的代表团对中国青铜器怀恨在心。希拉克是一名青铜器爱好者，每次遇见青铜器都会驻足观赏。

我还记得在西安与当地政府人员共进晚餐的那天，他滔滔不绝地谈论唐代、秦朝还有秦始皇，当地政府代表听得目瞪口呆，我们都对他心生敬佩，但也很苦恼，因为我们听累了。

我对亚洲瓷器的热爱还要归功于他。在那次旅行中，他在上海博物馆对一件宋代瓷碗的评价吸引了我。他说，这件宋代瓷碗的釉质比女子的皮肤还要细腻。我透过瓷器表面而去看本质，试着去理解他的参悟，而这也成为我一生的基石。

2002年6月，当他再次当选总统并在随后的立法选举中胜出之后，他在总统办公室接待了我，和我讨论我的新方案，其间他只说了一件事：

"你做什么都可以，但是法国的中国文化年必须成功。"

我当时并不知道，在竞选总统的前几周，他便已经开始策划法国的中国年活动了。和中国这样的重要大国合作，对法国来说是前所未有的。这场活动对他来说意义重大。以促进文化对话为己任，希拉克总统锲而不舍，在相互尊重基础之上为建立多极化世界和被普遍接受的公正秩序而努力。

他的立场并不像"天使"般温柔，当需要坚定的态度时，他绝不犹豫。他具有政治家的远见卓识，知悉全球事务；同时他又对历史认识深刻，得以避免许多错误，所以他更有能力处理世界事务，而这也是当今国际舞台上所缺乏的。

我从1989年开始与他共事。我从未听说他在这个问题上有过动摇：他坚信，二战结束后在工业革命中形成的世界秩序，将因中国的崛起而重建。他坚决主张进行对话，因为在他看来，如果不与那些将要发挥主导作用的国家进行对话，就无法开创未来。

由于上述这些原因，他特别重视中国文化年。当然，这是一项外交活动，但除此之外，他想向大家分享的是建立一个人类的美好愿景：建立一个更加平衡的世界。在这个世界里，文化的多样性、平等性得到更多的尊重，以便建立一个和平的世界。他说，中国掌握着人类未来的一些关键要素。所以，在这历史关头，中国亟须重回世界大国之列，并和其他大国展开富有成果的对话。

得益于希拉克总统个人的支持和已故中国驻法国大使吴建民先生的机敏，法国的中国文化年活动取得了圆满成功。这尤其体现在两件具有巨大象征意义的事件上。其一是埃菲尔铁塔闪耀着中国红。该想法由时任法国外交部亚洲部主任蒂埃里·达纳提出，并在时任法国电力公司总裁弗朗索瓦·罗素和威立雅环境总裁亨利·普罗格里奥的帮助下得以实现。其二便是由当时的北京市市长王岐山先生所倡议的在香榭丽舍大街举行中国农历新年游行。这是头一次抑或是最后一次，为了一个外国国家，世界上最著名的大道被禁止通行。警察总部理所当然地表现出强烈的保留意见，就差没有明确表示拒绝了：因为只有7月14日香榭丽舍大街才会因法国传统的阅兵仪式而禁止通行。警方召开会议，作出最终决定。会议的前一天，我问总统是否可以运用他的特许权获得警方的同意。他响亮地回答"可以"。结果，成千上万的巴黎人观赏了香榭丽舍大街的盛大游行。这次游行，给人们的记忆留下了深刻的印象。

我有幸陪同雅克·希拉克在他离任两年后去到中国，完成他最后一次中国之行。中国的接待不仅表达了他们对他崇高的敬意，同时还传达了深厚情谊，这份情谊并未因时间而被磨灭。

当今世界和当初雅克·希拉克穷其一生所致力建设的多极世界渐行渐远。如今，致命的狭隘民族主义再度复苏，言语冲突不断升级。为表达己方观点，越来越多的国家采取恐吓手段并诉诸武力，蔑视一切妥协态度，对全球和平构成了极大的威胁。而希拉克总统的话语仍萦绕耳畔，令人怀念。

瓦莱丽·特拉诺娃
希拉克基金会创始成员

Jaques Chirac: Précurseur en matière de la construction d'une communauté de destin pour l'humanité

Jacques Chirac et la Chine, ce n'était pas n'importe quelle relation. Le Président nourrissait pour ce pays un respect profond motivé par sa connaissance intime de la civilisation chinoise.

Je me souviens de ma première visite avec lui au début des années 90 alors qu'il était encore ce grand Maire de Paris qui marqua l'histoire de la capitale française. Nous nous étions rendus à Pékin, à Xi'An, à Shanghai. A chacune de ces étapes, il nous avait étourdis par le temps passé dans les musées, au point que notre délégation épuisée par le décalage horaire avait failli prendre en grippe les bronzes chinois devant lesquels il s'attardait plus que de raison, mû par l'intérêt passionné d'un véritable amateur.

Je me souviens aussi de ce dîner à Xi'An avec les autorités locales éberluées devant tant d'érudition et de notre délégation partagée entre admiration et exaspération car nous avions sommeil et qu'il était intarissable sur les dynasties Tang et Qin et sur l'empereur Qin Shi Huang qui l'occupèrent tout le dîner.

C'est à lui que je dois mon amour de la céramique asiatique. Il avait lors de ce voyage attiré mon attention, au Musée de Shanghai, sur un bol Song dont la douceur, disait-il, surpassait celle de la peau d'une femme. J'ai essayé de comprendre ce qu'il voyait dans le dépouillement de ce simple objet. Ce fut fondateur dans ma vie.

Lorsqu'en juin 2002, après sa réélection et les élections législatives qui suivirent, il me reçut dans son bureau pour discuter avec moi de ma nouvelle feuille de route à ses côtés, il ne me dit qu'une chose:« *Tu fais ce que tu veux, mais il faut que l'Année de la Chine en France soit un succès.* »

Je ne savais pas qu'une Année de la Chine en France avait été programmée dans les semaines précédant sa réélection. C'était un exercice sans précédent pour un pays de la taille et de l'importance de la Chine. L'enjeu revêtait une dimension particulière à ses yeux. Chantre depuis toujours du dialogue des cultures, il œuvrait inlassablement à l'avènement d'un monde multipolaire, un ordre juste et accepté par tous, fondé sur le partage des grandes valeurs universelles et le respect de l'autre.

Cette position n'avait rien d'angélique et sa main ne tremblait pas quand il fallait se montrer ferme. Sa vision était celle d'un homme d'État connaissant les affaires du monde et d'autant plus apte à les traiter qu'il avait, ce qui fait tant défaut aujourd'hui sur la scène internationale, cette connaissance et cette profondeur historiques qui préservent de beaucoup d'errements.

J'ai commencé à travailler directement avec lui en 1989. Je ne l'ai jamais entendu varier sur ce sujet. Il était convaincu que l'émergence de la Chine allait rebattre les cartes du monde, celui hérité de la Seconde Guerre mondiale mais également celui enfanté par la révolution industrielle. Il était un avocat inlassable de la nécessité du dialogue car disait-il « on ne peut pas bâtir le monde de demain sans parler avec ceux appelés à y jouer un rôle de tout premier plan ».

C'est pour toutes ces raisons qu'il attachait une importance particulière à ce que l'Année de la Chine fût un succès. Il s'agissait bien sûr d'un exercice diplomatique mais au-delà, il voulait partager cette vision d'un monde plus équilibré, plus respectueux de sa diversité et de l'égale dignité des cultures, un monde de paix. « *La Chine*, disait-il, *détenait une partie des clefs de l'avenir de l'humanité. Il fallait à ce moment précis de l'histoire qu'elle reprenne toute sa place, au premier rang des grandes nations et dans un dialogue fécond avec celles-ci.* »

Grâce à son soutien personnel et à la subtilité de l'Ambassadeur de Chine en France, le regretté Wu Jianmin, l'Année de la Chine en France rencontra le succès populaire escompté, notamment au travers de deux manifestations hautement symboliques : l'illumination de la Tour Eiffel aux couleurs de la Chine, dont nous avions eu l'idée avec Thierry Dana, alors directeur Asie du Quai Orsay, et que nous pûmes réaliser grâce au concours déterminant de François Roussely et d'Henri Proglio, alors respectivement présidents d'EDF et de Veolia, et le défilé du Nouvel An chinois sur les Champs-Elysées, à l'initiative du maire de Pékin d'alors, M. Wang Qishan.

Ce fut la première et la dernière fois que ce qui est peut-être l'avenue la plus célèbre du monde fut ainsi bloquée à la circulation pour honorer un pays étranger. Comme il se doit, la préfecture de police avait émis de fortes réserves pour ne pas dire un refus catégorique: les Champs-Élysées ne sont fermés à la circulation que le 14 juillet, pour le traditionnel défilé militaire des forces armées françaises. Une réunion à la préfecture devait décider du sort final de la demande chinoise. J'avais, la veille, demandé au président si je pouvais me prévaloir de son accord pour emporter la décision. Sa réponse fut un oui sonore. Le défilé put ainsi se tenir en présence de centaines de milliers de parisiens et reste dans toutes les mémoires.

J'ai eu le privilège d'accompagner Jacques Chirac lors de son dernier voyage en Chine, en 2009, deux ans après son départ de l'Elysée. Les autorités chinoises de l'époque avaient eu pour lui des égards témoignant à la fois de la haute estime dans laquelle elles le tenaient et d'une forme d'amitié sur laquelle le temps n'eut pas de prise.

Le monde d'aujourd'hui s'éloigne du monde multipolaire à la construction duquel Jacques Chirac a travaillé toute sa vie. Le réveil de nationalismes étriqués et d'identités mortifères, les escalades verbales, l'emploi croissant de l'intimidation et de la force pour faire valoir son point de vue, le mépris du compromis font peser de grands dangers sur la paix globale. Sa voix nous manque.

Valérie Terranova
Membre fondateur de la Fondation Jacques Chirac

President Chirac: A Pioneer in Promoting the Idea of Building a Community with a Shared Future for Mankind

Jacques Chirac had an extraordinary relationship with China. Based on his intimate knowledge of Chinese civilization, he had a deep respect for this country.

I remember my first visit to China with him in the early 90s when he was still the Mayor of Paris, an administration whose achievements deserve to be recorded in the annals of the French capital. We had been to Beijing, Xi'an, and Shanghai. As we went from city to city, what stunned us most was the amount of time he spent in museums. Exhausted by jet lag, our delegation almost held a grudge against the Chinese bronzes. Because Chinese bronze wares were his true passion, he would often spend a considerable amount of time in front of them.

I also remember the day when we had dinner with the local authorities in Xi'an. President Chirac spoke at length about the Tang and Qin Dynasties, and also about the First Emperor of the Qin. Local government officials were flabbergasted by the knowledge he had. Our delegation had great admiration for him but also felt frustrated because we were tired.

I owe my love of Asian ceramics to him. During a trip to the Shanghai Museum, he had drawn my attention to a porcelain bowl made in the Song Dynasty. He said that the softness of the bowl even suppressed that of a woman's skin. I tried to understand what he saw through simple objects, which formed a foundation for my life.

In June 2002, after his re-election and the legislative elections that followed, he received me in his office to discuss my new roadmap and said only one thing: "You can do what you want, but the Year of China in France has to be a success."

I had no idea that the Year of China in France had been scheduled in the weeks leading up to his re-election. Working with a country of the size and importance of China was an unprecedented event. This initiative meant a significant amount to him. President Chirac, who made promoting dialogues between cultures his mission, worked tirelessly for the advent of a multipolar world and a just world order that is accepted by all, based on the principles of universal values and mutual respect.

There was nothing "angelic" about this position. His hands wouldn't tremble when he needed to remain firm. He was more capable of dealing with the world's affairs through his vision as a statesman, his knowledge of global affairs, and his deep understanding of history, which he could use to avoid making mistakes. This is what is presently missing on the international stage.

I started working with him directly in 1989. I knew that he had a clear position. He was convinced that the emergence of China would reshuffle the world order, which was born from the post-World War II Industrial Revolution. He strongly advocated for dialogue, because in his opinion, we cannot open up the future without speaking with the countries who are going to play leading roles.

For all these reasons, he attached particular importance to making the Year of China a success. Of course, this was a diplomatic event, but beyond that, he wanted to share this vision of creating a more balanced world where diversity and equal dignity of cultures would be respected and could be leveraged to establish a world of peace. He said that China held some of the keys to the future of humanity. Therefore, at this critical moment in history, China needed to regain its position at the forefront of the great nations and hold fruitful dialogues with other world powers.

Thanks to his personal support and to the subtlety of the late Chinese Ambassador to France, Mr. Wu Jianmin, the Year of China in France achieved great success as anticipated, in particular, through two highly symbolic events. The first one was the illumination of the Eiffel Tower in red. This idea was proposed by Thierry Dana, then Asian Director of the Quai d'Orsay, and implemented with the help of François Roussely, then President of EDF, and Henri Proglio, then President of Veolia. The second event was the Chinese New Year parade on the Champs-Elysées, an initiative put forward by then-Mayor of Beijing, Mr. Wang Qishan.

It was the first and last time that the world's most famous avenue was blocked to honor a foreign country. As it should be, the police headquarters had expressed strong reservations, and almost explicitly refused. The traditional military parade of the French Armed Forces, held annually on July 14th, was the only time when the avenue of the Champs-Élysées would normally be closed to traffic. The police headquarters held a meeting to make the final decision. One day before the meeting, I had asked the President if I could use his consent in place of their agreement. His answer was a loud "Yes". Therefore, tens of thousands of Parisians were able to watch the parade, which remained etched in their memories.

I had the privilege of accompanying Jacques Chirac on his last trip to China in 2009, two years after he had left the Élysée Palace. The Chinese authorities at the time had received him with great respect and they showed deep friendship that withstood the test of time Today's world is moving away from the multipolar world that Jacques Chirac has tirelessly built his life. The awakening of narrow, deadly nationalism, verbal escalations, the increasing use of intimidation and force to assert one's point of view, and contempt for compromise, pose great dangers to global peace. We miss his voice.

Valerie Terranova
Founding Member of the Chirac Foundation

在历史潮流中永生

2019年9月26日，法国前总统希拉克溘然长逝。法国人民举国哀悼，中国人民也为失去一位好朋友和老朋友而痛惜。

希拉克为中法全面战略伙伴关系的建立和发展贡献卓著。他在其总统任期造就了中法关系发展的"黄金十年"，还亲自倡议和推动中法互办文化年，促进两国人民友好交流，推动中西文明互学互鉴。

毫无疑义，中法友好关系的这些历史性成就，是中法两国政府和人民共同努力的成果，也是中法两国优秀文化传统的一次时代共鸣和伟大合作。中华民族和法兰西民族都是伟大的民族，都有悠久而灿烂的历史文化，都对人类文明进步做出了巨大贡献。可以说，讲历史，中法友好合情合理、民心所向；讲现实，中法友好对两国人民有利，对世界各国人民都有利。但是，也要看到，一些实行霸权主义的强权国家不愿意看到世界各国包括中法两国友好相处，到处拉拢一些国家，排斥、打压另一些国家；所以，发展中法友好，需要政治领袖人物有勇气抵制霸权主义颐指气使，有骨气捍卫自己国家的主权。而且，殖民主义残余及思想影响仍然存在，盛行数百年的西方文化中心论在许多国家仍然是主流文化及思维惯性，成为世界各国包括中法友好的思想文化障碍；所以，发展中法友好，还需要政治领袖人物有冲破传统偏见而高瞻远瞩的大格

局，有求真务实、引领潮流的大智慧。没有这样的政治领袖人物率先垂范以带动全局，登高一呼而际会风云，要推动中法友好获得大的发展，也是难有作为的。而希拉克，正是这样一个关键的人物，在世界发展变化关键的历史节点，站在了引领中法友好关键的政治领袖位置，这是法国人民之幸，中国人民之幸，世界各国人民之幸。

在中国人民中间，流传着希拉克在中法文化交流中"美人之美、美美与共"的许多佳话。他那种饱学之士而永葆求知若渴、向美向善激情的感人形象，体现着法国人民的文化眼光和气度。1978年夏，他首次访问中国，成为第一个参观秦陵兵马俑的外国领导人。站在骊山脚下，面对正从渭河平原黄土层下发掘出来的成百上千、栩栩如生的秦兵马俑雄壮军阵，他当即断定秦兵马俑是足以与埃及金字塔等相媲美的"世界第八大奇迹"，而且补充说，"应该名列前茅"。事实证明，这是客观公正的真知灼见。在中法文化交流中，希拉克多次让人们惊叹：他能准确默写出中国朝代纪年表；他喜欢中国古典诗词，推崇李白和杜甫，能用法语即兴背诵唐诗；他特别喜欢研究青铜器，能准确判断中国青铜器的历史年代，甚至可以和中国该领域顶尖专家进行学术交流。

希拉克是一位真正的政治家，一位具有鲜明个性的政治家。不仅应该说，他兼具宏大的政治格局、开阔的政治眼光和求实求真的学者禀赋，而且应该说，扎实的学术功底、深厚的文化修养赋予他更加高远的政治视野，能够突破西方文化中心论的藩篱，而思考不同文明共存共荣之道，思考世界各国共同繁荣的未来。所以，他不仅深爱法兰西民族及其文化，被法国民众选为"最亲民最受拥戴的总统"，而且拥抱亚洲文明，与世界各国友好交往。他坦承自己"热爱"亚洲文明，四十多次访问日本，而对中国，他拒绝听从霸权主义的指挥棒，蔑视西方某些势力蓄意制造的对华政治偏见和恐惧。1997年希拉克在一封信中写道："中国文化始终令我心驰神往，并能使我常有所悟。"2004年秋，他对记者说："我本人十分景仰有着最古老、最丰富文明的中国，我爱中国。在法国举办的中国文化年极为成功，这再次证明中国是多么的引人入胜，令人神往。人类只有通过不同文明的对话，才能建设一个开放、相互尊重的世界。"

在希拉克的身影里，我们分明看到了被誉为"十七世纪亚里士多德"的德国哲学家莱布尼茨的精灵在跳跃，看到了十八世纪被誉为"法兰西思想之王"的启蒙思想家伏尔泰的精灵在跳跃。莱布尼茨曾憧憬中国文化与欧洲文化合作的巨大潜力，而伏尔泰通过对传教士带回的中国文化典籍的翻译和研究，充满激情地惊呼"哲学家在东方发现了一个新的精神和物质世界"。莱布尼茨和伏尔泰的思想光辉，很快被欧洲列强以世界中心自居、争相到全球抢夺殖民地的狂潮所遮蔽。然而，希拉克的政治实践、文化实践和外交实践，不是使这两个巨人的思想重新焕发出耀眼的光芒吗？

和而不同，亲仁善邻、协和万邦，倡导不同文明相互尊重、互学互鉴，是中华文明一贯的处世之道。这是中华文明五千多年生生不息、繁荣发展的宝贵经验，也是世界文明的本质特征和发展规律。"德不孤，必有邻。"中国人民把希拉克视为真挚的朋友和知己，高度评价他推动中法两国友好相处的长期实践和重大贡献，高度赞赏他"通过不同文明的对话，建设一个开放、相互尊重的世界"的崇高追求。

世界正经历"百年未遇之大变局"。在这样的历史性时刻，希拉克逝世了，但是，他对法国、西方乃至整个世界的未来的深刻思考、艰辛探索，他在进行不同文明对话方面的远见卓识、勇敢实践，必将成为启发并激励人类文明走向未来的精神遗产。他将在这个正在奔腾向前、构建人类命运共同体的历史潮流中获得永生。

严昭柱

太湖世界文化论坛第二届理事会主席

La vie éternelle dans les vagues de l'histoire

Le 26 septembre 2019, l'ancien président français Jacques Chirac s'est paisiblement éteint. Le peuple français pleure sa disparition et le peuple chinois regrette la perte d'un grand et vieil ami.

Jacques Chirac a apporté une contribution exceptionnelle à l'établissement et au développement d'un partenariat stratégique global entre la Chine et la France. Sous sa présidence, le développement des relations sino-françaises a vécu « une décennie d'or ». Il a également personnellement initié et promu les Années croisées culturelles France-Chine, ce qui a ainsi favorisé la communication entre les deux peuples et l'apprentissage mutuel entre les civilisations chinoise et occidentale.

Ces succès historiques des relations amicales entre la Chine et la France résultent sans aucun doute des efforts conjoints des deux gouvernements et de leurs peuples et consistent en une résonnance intemporelle et une coopération majestueuse entre deux grandes traditions culturelles. Le peuple français et le peuple chinois ont tous une longue histoire et une culture rayonnante, ils ont apporté de grandes contributions au progrès de la civilisation humaine. On peut dire que, d'un point de vue historique, l'amitié sino-française est rationnelle et attendue par tous; d'un point de vue réaliste, elle est bénéfique à nos deux peuples et aussi au monde entier. Cependant, il convient de noter que la politique hégémoniste et autoritaire ne souhaite pas l'entente mutuelle entre les autres pays du monde, y compris la Chine et la France. Elle consiste à mettre certains pays dans son camp, en excluant et en abolissant les autres. Par conséquent, le développement de l'amitié sino-française nécessite le courage exceptionnel des hommes politiques de résister à l'hégémonie et de défendre la souveraineté de son pays. En outre, l'influence du colonialisme existe toujours de nos jours, le centralisme de l'Occident qui a prévalu pendant des centaines d'années reste toujours dominant dans de nombreux pays et est devenu une barrière idéologique et culturelle au développement de l'amitié entre les pays du monde, dont nos deux pays. De ce fait, le développement des relations amicales sino-françaises exige également que les hommes politiques aient une vision lointaine qui brise les préjugés traditionnels et une grande sagesse pour orienter l'opinion à la recherche de la vérité. Sans un tel leader politique exemplaire qui ouvre la voie, il est difficile de faire de grands progrès dans la promotion de l'amitié sino-française. Jacques Chirac était justement une telle personne avec toutes ces qualités capitales. Au croisement historique du développement et du changement mondial, il se trouvait à la position clé pour mener à bien les relations sino-françaises. C'était la chance du peuple français, du peuple chinois et du peuple mondial.

Plusieurs anecdotes sont connues dans notre pays sur Jacques Chirac, qui savait « apprécier la beauté des autres comme la sienne » dans les échanges culturels sino-français. Son image touchante d'une personne érudite qui préserve une soif de connaissances et une passion pour la beauté et l'humanité reflète la vision culturelle et la grandeur d'âme d'un bon Français. En été 1978, il a visité la Chine pour la première fois et est devenu le premier homme d'État qui ait visité l'armée souterraine de Qinling. Au pied du Mont Lishan, face aux milliers de guerriers en terre cuite fraîchement déterrés depuis la couche de lœss de la plaine de Weihe, il a immédiatement conclu que les guerriers de la dynastie Qin étaient comparables aux pyramides égyptiennes pour être qualifiés de « huitième miracle du monde », et il a ajouté qu'ils devraient être « parmi les premiers ». Son opinion est justifiée comme objectif et juste. Dans l'histoire des échanges culturels sino-français,

Jacques Chirac nous a émerveillé à plusieurs reprises: il peut écrire par cœur avec précision la chronologie des dynasties chinoises ; il adore la poésie classique chinoise, admire Li Bai et Du Fu, et peut réciter un poème de la dynastie Tang en français ; il a particulièrement étudié les bronzes, peut déterminer avec précision l'époque des bronzes chinois, voire discuter des questions académiques avec les meilleurs experts dans ce domaine en Chine.

Jacques Chirac est un vrai homme politique, un homme à la personnalité marquée. Non seulement l'on doit reconnaître qu'il est doté d'une vision politique large et lointaine et des principes véristes proche d'un académicien, mais aussi, que cette vision politique, qui s'est formée en lui grâce aux solides connaissances des autres cultures, lui permet de réfléchir sur le mode de coexistence de différentes civilisations, sur l'avenir commun prospère de tous les pays du monde, sans se limiter au centralisme de l'Occident. De cette manière, il aimait profondément le peuple français et sa culture, plusieurs sondages en France le désignaient comme « le président le plus populaire et le plus apprécié ». En même temps, il embrassait à bras ouvert la civilisation asiatique ainsi que tous les autres pays du monde. Il reconnaissait sa « passion » pour la civilisation asiatique et s'est rendu au Japon plus de quarante fois. Quant à la Chine, il a refusé d'obéir au bâton de l'hégémonie et a méprisé les préjugés politiques et la peur de la Chine délibérément forgés par certains pouvoirs occidentaux. En 1997, Jacques Chirac a écrit dans une lettre : « *La culture chinoise m'a toujours fasciné et m'a souvent inspiré.* » En automne 2004, il a déclaré aux journalistes : « *Vous savez l'admiration personnelle que je nourris pour la Chine, terre des civilisations les plus anciennes et les plus riches. J'aime la Chine. L'extraordinaire succès de l'Année de la Chine en France, confirme l'attrait et la fascination que votre pays exerce sur les Français. Seules des rencontres entre les différentes civilisations permettent à l'humanité de construire un monde plus ouvert et plus respectueux de sa diversité !* »

Chez Jacques Chirac, nous avons aperçu l'esprit de Gottfried Wilhelm Leibniz, philosophe allemand connu comme « Aristote du XVIIe siècle », et celui de Voltaire, penseur des Lumières reconnu comme le « roi de la pensée française » du XVIIIe siècle. Gottfried Wilhelm Leibniz avait aspiré au grand potentiel de coopération entre la culture chinoise et la culture européenne, et Voltaire s'est exclamé étonnement que « les philosophes ont découvert un nouveau monde spirituel et matériel en Orient » à travers la traduction et l'étude des classiques de la culture chinoise rapportées par les missionnaires. Les idées de Leibniz et Voltaire ont été rapidement éclipsées par l'engouement des puissances européennes d'occuper le centre du monde et de concourir des colonies sur la planète. Cependant, les pratiques politiques, culturelles et diplomatiques de Jacques Chirac ne font-elles pas rayonner à nouveau les pensées des deux géants ?

Depuis le début de la civilisation chinoise, la Chine a toujours préconisé la convivialité en respectant la diversité, la bienveillance du voisinage, l'harmonie de la planète, le respect mutuel et l'apprentissage mutuel entre les différentes civilisations. Ce sont le fondement de la longévité et de la prospérité de la civilisation chinoise depuis plus de 5 000 ans, et également la nature essentielle et la loi de développement de la civilisation humaine. « *La vertu n'est pas laissée seule, celui qui la pratique aura des voisins.* » Jacques Chirac est considéré comme un vrai ami et confiant par le peuple chinois, qui apprécie hautement ses contributions majeures et persévérantes à la promotion des relations amicales entre la Chine et la France, et sa recherche de « construire un monde plus ouvert et plus respectueux de sa diversité, à travers des rencontres de civilisations. »

Notre monde est en train de vivre « un grand changement qui ne s'est pas produit depuis un bon siècle ». En ce moment historique, les réflexions et recherches de Jacques Chirac sur l'avenir de la France, de l'Occident et du monde entier, sa vision et sa pratique courageuse dans l'initiative de rencontres entre différentes civilisations deviendront certainement un héritage spirituel qui inspirera la civilisation humaine de l'avenir, il aura la vie éternelle dans les vagues historiques qui progressent en construisant une destinée commune de l'humanité.

Yan Zhaozhu

Président de la deuxième session du Conseil du Forum Culturel Mondial de

Taihu

Immortal Legacies in the Currents of History

On September 26, 2019, former French President Jacques Chirac passed away. The French people mourned his passing, and the Chinese people also mourned the loss of a great and old friend.

Jacques Chirac made exceptional contributions to the establishment and development of a comprehensive strategic partnership between China and France. During his presidency, he created "a golden decade" for Sino-French relations, and initiated and promoted the China-France Cultural Years to enhance mind-to-mind communication between the two peoples and mutual learning between the two civilizations.

These historic successes in friendly relations between China and France are undoubtedly the fruit of joint efforts of the two governments and peoples. They also embody an epochal resonance and great cooperation between two excellent cultural traditions. Chinese and French peoples are great nations with a long history and splendid culture, and both have made great contributions to human civilization. From a historical point of view, Sino-French friendship can be said to be reasonable and desirable; from a practical point of view, it is beneficial to the two countries and the whole world. However, it should be noted that friendly relations between China and France or other countries in the world are undesirable to some hegemonic powers with power politics who try to woo some countries while excluding and suppressing others. Therefore, to develop Sino-French friendship, political leaders need to have the exceptional courage to resist hegemony and have the backbone to defend a country's sovereignty. Moreover, the influence of colonialism still exists today. Ethnocentrism that has prevailed for centuries remains the dominant culture and the inertia of thinking in many countries, which has become an ideological and cultural barrier to the friendship among the countries, including that between China and France. As a result, to grow the Sino-French friendship, political leaders must have the vision to break through stereotypes and the wisdom to be pragmatic and pioneering. Without such political leaders to take the lead and rally multitudes at their call, it will be difficult to make great strides in promoting Sino-French friendship. It is thus a blessing for France, China, and the world that Jacques Chirac, a man with such key qualities, was in the position of a political leader for the Sino-French friendship at the crucial crossroad in history when the world was undergoing profound changes.

Several anecdotes are known in China about Jacques Chirac's "appreciating the beauty of others as do to his own" in Sino-French cultural exchanges. His image of a learned person who kept a thirst for knowledge and passion for beauty and goodness reflected the French people's vision and generosity in culture. In the summer of 1978 when he visited China for the first time, Chirac became the first statesman to visit the Terracotta Army in Mount Lishan. At the foot of that mountain, in front of the majestic army of hundreds of lifelike terracotta warriors being unearthed from the loess layer of the Weihe Plain, he immediately concluded that the Terracotta Army of the Qin Dynasty was the "eighth wonders of the world", comparable to the Egyptian pyramids, and added that it "should be among the best". This proves to be an objective and unbiased opinion. During the Sino-French cultural exchanges, Chirac amazed the Chinese people when he was able to dictate the chronology of Chinese dynasties, and when he recited poems of the Tang Dynasty in French due to his love for classical Chinese poems and his admiration for Li Bai and Du Fu. He surprised the people when he accurately dated bronzes and engaged in academic exchanges with, the best Chinese experts in the field as he was particularly fond of studying them

Jacques Chirac was an outstanding statesman, one with a distinctive personality. It should be said not only that he was endowed with a broad outlook, an open political vision, and a humble temperament, but also that he had a solid academic background and profound cultural accomplishment as nourishment. In this way, he was able to break through the obstacles of Ethnocentrism and think instead about the ways of coexistence among civilizations and the future of common prosperity for all countries. This is why he deeply loved the French nation and its culture and was voted by its people as "the most popular and appreciated president". Simultaneously, he embraced Asian civilizations as well as other cultures around the world. He expressed his "passion" for Asian civilizations and visited Japan more than forty times. With regard to China, the stateman refused to obey the baton of hegemonic powers and defied the political prejudice and Sinophobia deliberately created by some forces in the West. In 1997, for example, Jacques Chirac wrote in a letter: "I have always been fascinated and inspired by Chinese culture." In the fall of 2004, he told the journalists, "You know my personal admiration for China, a country with one of the oldest and the most prosperous civilizations. I love it. The extraordinary success of the Year of China in France proves once again how fascinating. and enchanting China is. It is only through the dialogue of civilizations that humans can create a more open and mutually respectful world."

In Jacques Chirac, we see the spirit of Gottfried Wilhelm Leibniz, the German philosopher known as "Aristotle in the 17th century", and that of Voltaire, the Enlightenment thinker recognized as the "king of French thought" in the 18th century. Leibniz envisioned the great potential for cooperation between Chinese and European cultures, while Voltaire exclaimed that "philosophers had discovered a new spiritual and material world in the East" through the translation and study of Chinese classics brought back by missionaries. Their brilliant ideas were soon overshadowed by the frenzy of the European powers, who claimed to be the center of the world and scrambled for colonies around the world. However, did not Chirac's political, cultural, and diplomatic practices bring the thoughts of the two giants back to a dazzling night?

Since ancient times, the Chinese people have advocated harmony in diversity and friendly intercourse between nations, and called for mutual respect and learning among civilizations. These were the valuable principles that enabled Chinese civilization to survive and prosper for over 5,000 years and are the essential feature and laws of the development of world civilization. "Virtue is not left to stand alone; whoever practices it will have neighbors". As Jacques Chirac's "neighbors", the Chinese people regard him as a bosom friend. They speak highly of his long-lasting and significant contributions to promoting friendly relations between China and France and his pursuit of "building a more open and mutually respectful through dialogues between civilizations".

The world is undergoing "profound changes unseen in a century". At this historic moment, Chirac passed away. What he left behind were deep reflections and painstaking explorations for the future of France, the West, and the world as a whole, and visionary and courageous dialogues among civilizations. These legacies will inspire humans towards a brighter future, and Jacques Chirac will live immortally in the historical currents that are rushing forward to build a community with a shared future for mankind.

Yan Zhaozhu

Chairman of the Second Session of the Council of the Taihu World Cultural

Forum

希拉克总统参观成都杜甫草堂记略

　　2004年10月9日上午，法国总统希拉克先生参观成都杜甫草堂。是日，天清气朗，上午10:30，希拉克总统走进杜甫草堂正门，经过大廨、诗史堂等景点前往工部祠参观。时任草堂宣教部主任姚菲负责为总统进行导游讲解，总统认真倾听讲解，并不时发出会心的微笑。

　　当走到柴门景点时，总统忽然问："杜甫的死因是什么？"在得到杜甫的死因尚存在争议，而典籍记载杜甫吃了变质的牛肉又喝了白酒因食物中毒导致死亡的回答后，总统说："据我研究，杜甫的死因不是吃了牛肉白酒。"

　　走进茅屋景区，应时任驻法大使赵先生之请，由我给希拉克总统导游讲解。在草堂茅屋内，展示有近期在草堂唐代遗址出土的唐代双耳罐、碗、盘、瓶等出土文物。我向总统扼要介绍了唐代遗址的发现、发掘过程，以及出土的文物尤其是一通唐代高僧行感的墓志铭石碑对草堂的重要意义，总统小心翼翼地拿起一只唐碗仔细地观看。

　　来到草堂花径，当听到姚菲介绍这里是草堂与草堂寺的分界处时，总统说："杜甫建草堂前，曾在一座寺庙暂住了半年，第二年才在朋友的资助下，建成了草堂。"希拉克总统对中国文化的喜爱和熟悉让人感叹。

按法方意愿和赵大使的要求，希拉克总统参观时，不需要清场。所以当游客发现希拉克总统后，都自发地鼓掌欢迎，总统也不断挥手向大家致意，这是非常热烈的场面之一。

最后，在大雅堂贵宾留言簿上，总统欣然提笔写下了"谨向这位全人类的伟大的诗人表示无限的钦佩和敬意"的留言。参观中，总统对杜甫草堂的优美环境和文物保护大加赞赏，多次说"美丽极了，我真想多待几个小时"。希拉克总统在成都停留的时间不过三小时，而他在杜甫草堂就盘桓了八十分钟。临告别前，总统主动邀请中方接待人员合影留念。回到法国后，希拉克总统又委托时任驻华大使高毅向成都杜甫草堂博物馆和我个人寄来感谢信。收到我的回信后，他又以个人名义给我写信，再次表达了谢意。

周维扬

成都杜甫草堂博物馆原馆长

Une esquisse de la visite du président Chirac à la chaumière de Du Fu à Chengdu

Le matin du 9 octobre 2004, le président français Chirac a visité la chaumière Du Fu à Chengdu. Ce jour-là, il faisait un temps frais et ensoleillé. À 10 h 30 du matin, le président est arrivé par l'entrée principale de la chaumière de Du Fu et s'est rendu au Sanctuaire Gongbu après avoir visité le Grand Hall, Mémorial du poète-historien et d'autres sites historiques. Yao Fei, alors directrice du Département de communication et d'enseignement du musée, est chargé de guider le président, qui écoute attentivement ses explications et sourit de temps en temps.

Arrivé vers la Porte de bûche, le président a soudainement demandé: « *Comment Du Fu est-il mort?* » On lui a expliqué que la mort de Du Fu restait toujours controversée, et que selon les documents historiques, le poète était mort d'intoxication alimentaire après avoir pris de l'alcool et du bœuf gâté. Le président a répliqué : « *D'après mes recherches personnelles, Du Fu n'est pas mort à cause de l'alcool et du bœuf.* »

En entrant dans le site historique de la chaumière, à l'invitation de son Excellence Zhao Jianjun, l'ambassadeur de Chine en France, j'ai pris le relais pour servir de guide au président. À l'intérieur du cottage, des reliques culturelles récemment déterrées des ruines de l'ancienne résidence du poète à la dynastie Tang était exposées, telles que des amphores, des bols, des assiettes et des bouteilles de l'époque. J'ai expliqué brièvement au président le processus de découverte et de fouille des ruines de la dynastie Tang, ainsi que l'importance de ces reliques culturelles, en particulier celle d'une stèle d'épitaphe du moine Xinggan de la dynastie Tang. Le président pris un bol dans ses mains avec beaucoup de précaution et l'examina minutieusement.

En arrivant sur le Chemin Fleuri, que Yao Fei lui présentait en tant que limite entre la chaumière et le temple, le président a intervenu : « *Avant de construire sa chaumière, Du Fu a vécu pendant six mois dans un temple et n'a achevé sa chaumière que l'année suivante avec le soutien des amis.* » La passion et la familiarité du président Chirac avec la culture chinoise sont incroyables.

Selon les souhaits du parti français et sur la demande de l'alors ambassadeur M. Zhao, la visite du président Chirac n'a pas été rendue privée. Lorsque les touristes ont découvert le président Chirac, ils ont tous applaudi spontanément pour le saluer, et le président leur répondait par des gestes de main pour rendre hommage à tout le monde, la scène était très chaleureuse.

Enfin, sur le livre d'or de la Salle des Odes, le président a laissé un message disant « *Veuillez accepter mon admiration et mon respect infinis au grand poète de l'humanité.* » Au cours de la visite, le président a largement apprécié l'environnement magnifique de la chaumière et la conservation sur les reliques culturelles du musée. Il a répété à plusieurs reprises: « *C'est tellement beau. Je veux vraiment rester quelques heures de plus.* » Finalement, il a passé quatre-vingts minutes dans la chaumière Du Fu sur ses trois heures d'arrêt dans la ville de Chengdu. Avant de partir, le président a pris l'initiative d'inviter l'équipe chinoise à prendre ensemble une photo de souvenir. Après son retour en France, le président Chirac a confié à son Excellence Monsieur Philippe Guelluy, alors ambassadeur de France en Chine, d'adresser une lettre de remerciement au musée de la Chaumière Du Fu à Chengdu et à moi personnellement. Après avoir reçu ma réponse, il m'a écrit en son nom propre en renouvelant sa gratitude.

Zhou Weiyang
Ancien directeur du musée Chaumière de Du Fu à Chengdu

A Sketch of President Chirac's Visit to Du Fu Thatched Cottage in Chengdu

On the morning of November 9th, 2004, former French President Chirac visited Du Fu Thatched Cottage in Chengdu. It was a wonderful day. At 10:30 am, President Chirac arrived through the Main Entrance, and went to the Gongbu Shine after visiting the Grand Lobby and Memorial of the Poet-Historian. Yao Fei, then Director of the Department Communication and Education provided tour guide services for the President, who listened attentively to the explanations and occasionally gave knowing smiles.

When he went through the Firewood Gate, the President suddenly asked: "How did Du Fu die?" After knowing that the cause of his death was still controversial, but according to the record, Du Fu had died of food poisoning because of having spoiled beef and drinking alcohol, the President said that, based on my personal studies, the cause of his death was not from beef and alcohol.

When we walked into the historical site of the cottage, at the invitation of His Excellency Mr. Zhao Jinjun, the Chinese Ambassador to France, I took over to serve as a guide for the President. Inside the cottage, cultural relics that were recently unearthed from the site of the poet's former residence in the Tang Dynasty were on display, including amphora-shaped jars, bowels, plates and vases. I briefly introduced how the site was discovered and unearthed, and the significances of these cultural relics, in particular, the importance of a gravestone of an eminent monk from the Tang Dynasty to the Thatched Cottage. The President carefully picked up a bowel and took a closer look.

When we came to the Flower Path, Yao Fei introduced it as the boundary between the Thatched Cottage and Thatched Cottage Temple. In response, President Chirac said that Du Fu lived in a temple for half a year. The Cottage was built with the financial support of his friend the following year. President Chirac's passion for, and familiarity with the Chinse culture were impressive.

With the willing consent of the French delegation and at the request of then Ambassador Mr. Zhao, the President's visit was not made private. When tourists discovered it was President Chirac, they spontaneously applauded, while the President kept waving at the crowd. The scene was one of mutual warmth.

At the end of the visit, in the Hall of Ode's guestbook, the President was pleased to write that "I would like to extend my utmost respect and admiration to the greatest poet of all mankind." During the visit, the President greatly appreciated the beautiful environment and effective preservation of the cultural relics. He repeated that it was so beautiful, and he wished to stay for a few more hours. President Chirac spent 80 minutes in the Cottage during his three-hour stay in Chengdu. Before leaving, the President invited all the Chinese staff to take a photo with him. When he got back to France, President Chirac entrusted his Excellency Philippe Guelluy, then French Ambassador to China, to send a thank-you letter to the Chengdu Du Fu Thatched Cottage Museum and to me personally. After he received my response, he wrote to me himself, re-expressing his gratitude.

Zhou Weiyang
Former Director of Chengdu Du Fu Thatched Cottage Museum